모탕

모탕

김순경 수필집

수필과비평사

■ 작가의 말

붉은 꽃잎이 흩날린다. 작은 바람에도 백일홍 꽃잎이 눈가루처럼 날린다. 무더위가 물러서자 밤낮을 가리지 않고 매미가 울어댄다. 득음을 하려고 피를 토하는 소리꾼처럼 처절하게 울어댄다. 풀벌레 소리가 처량하게 들리는 것을 보니 가을의 문턱에 들어선 것 같다.

두 번째 수필집이다. 처음처럼 설레지는 않지만 여전히 걱정이 앞선다. 조금이라도 나은 글을 쓰려고 고민했지만 쉽지 않았다. 좋은 글을 쓰려고 애를 쓸수록 복잡한 생각이 글문을 막아 앞으로 나갈 수가 없었다.

세월이 책을 만들었다. 더딘 손이 빠른 생각을 따라잡지 못해도 날이 갈수록 한 편씩 늘어났다. 어쩌다 머리가 맑은 날은 글줄이 속도를 냈지만 문턱을 넘어서지 못한 날이 더 많았다. 덧칠을 하고 짜깁기를 반복하다 다른 방향으로 흘러가도 그대로 두었다. 정작 발굴하던 고분보다 주변에서 더 많은 유물이 쏟아져 나온 경우처럼 괜찮은 글이 될지도 모른다는 기대감에 덮어둔 글도 있다. 그러나 책을 묶다 보니 자꾸만 뒤가 돌아다 보인다.

오늘도 어설프게 컴퓨터 자판을 토닥거린다. 영감은 저만치 앞서 가는데 글자는 더디게 따라간다. 좇아가려 애를 쓰지만 역부족이다. 한참을 따라가다 보면 연기처럼 사라져 버린 흔적을 찾아 헤매고 있다. 이리저리 더듬어 보지만 머릿속에는 아무것도 남아 있지 않다. 결국 서너 줄도 넘기지 못하고 멍하게 앉아 있다 일어선다.

질곡의 세월을 되새김질하며 조금씩 게워낸다. 하나씩 풀어내다 보면 옹이가 사그라질 줄 알았으나 그것도 아니었다. 실컷 늘어놓다 보면 허기진 것처럼 허전하기만 하다. 다시는 글을 쓰지 못할 만큼 공허함이 밀려올 때도 있지만 또 자판 앞에 앉는다. 서두르지는 않고 조금씩 그리고 천천히 토해내고 싶다.

첫 수필집을 낸 지 두 해가 지났다. 짧은 기간이지만 변화가 많았다. 두 아들이 결혼을 하고 예쁜 손녀도 태어났다. 날마다 날아오는 사진과 동영상을 보며 웃는다. 아들 둘을 키우면서 느끼지 못했던 감정에 스스로 고개를 갸우뚱거린다. 주객이 늘어나자 장식용 술병들이 몸살을 앓는다. 곳곳에 자리 잡고 있던 양주와 배갈이 줄줄이 불려 나와 사라진다. 가끔은 수필이 안주로 올라온다. 그때가 가장 술맛이 좋다.

어쩌다 들어선 길이지만 이제는 벗어나거나 돌아갈 수가 없다. 때로는 글 쓰는 일이 굴레가 되고 길마가 되기도 한다. 하지만 벗을 수 없는 업보라 여기며 온몸을 조여오고 짓눌러도 계속 가고자 한다.

한 권의 책이 만들어질 때까지 지도와 편달을 아끼지 않은 분들께 진심으로 감사드리며, 든든한 힘이 되어준 가족들에게도 고마움을 전한다.

2019년 10월

김 순 경

■ 차례

1부

모탕

모탕 _ 12

곡비哭婢 _ 17

피켓 며느리 _ 22

길마 _ 27

박수받지 못한 공연 _ 33

해운대의 새벽 _ 38

부침浮沈 _ 41

세실극장 _ 46

2부

등짐 잃은 거북

달맞이꽃 _ 52

등짐 잃은 거북 _ 58

낙엽이 가는 길 _ 64

오층 돌탑 _ 70

순조 누나 _ 75

우듬지 _ 81

흑백 사진 _ 87

물꼬 _ 92

3부

향내 품은 툇마루

성황리 삼층석탑 _ 100

자리다툼 _ 105

향내 품은 툇마루 _ 110

간월산장 _ 115

가정 실습 _ 120

교적비校蹟碑 _ 125

방심 _ 130

가설극장 _ 135

4부

쇠꽃

숨비소리 _ 142

바랭이 _ 148

쇠꽃 _ 153

인턴 _ 158

청심헌淸心軒 _ 163

홰나무 _ 173

군자정 솔향기 _ 178

화전놀이 _ 183

5부

문지방을 넘다

오해_ 190

소쩍새 우는 밤_ 195

닭죽_ 200

붉은 산_ 205

쇠종과 당목_ 210

국수 이야기_ 215

운흥사 석조石槽_ 225

문지방을 넘다_ 231

1부

모탕

모탕은 소나무 밑동이나 구불구불한 밤나무가 제격이다. 비틀어져도 나무토막을 잡아주고 힘차게 내려치는 도끼날이 튀지 않게 감싸주면 된다. 목재도 장작도 될 수 없는 등걸이나 옹이가 많은 나무라도 아무 문제가 없다. 이런 나무가 흔들림도 적고 도끼날의 충격도 잘 받아주어 장작 패기에 편하다.

모탕

땅바닥에 누워 있다. 상처를 움켜쥐고 혼자 뒹군 듯 미동도 없다. 셀 수 없는 도끼질에 정신을 잃었는지 일어날 기력조차 없어 보인다. 상처뿐인 육신은 형체를 알아볼 수 없을 정도로 망가졌지만 누구 하나 눈길조차 주지 않는다.

모탕은 나무를 패거나 자를 때 밑에 받쳐 놓는 나무토막이다. 도끼날과 톱날을 보호하고 작업 능률을 높이는 튼튼한 받침대이다. 일단 모탕이 되면 수많은 도끼질을 감내해야 하고 만신창이가 될 때까지 굴레를 벗지 못한다. 얼마나 고통스럽고 험한 길인지도 모른 채 바닥에 누워 까닭도 없이 살점을 뜯어내는 도끼세례부터 받는다. 한두 번 몸을 비틀어 피해 보지만 힘이 빠지면 순순히 온몸을 내어놓는다. 그렇게 될 줄 알았으면 자신을 불태워 재가 되는 장작의 길을 택했을 것이다. 고통의 길인 줄 미리 알았다면 누가 그 길을 따라갔겠는가.

한배에서 태어나도 가는 길은 다르다. 좋은 환경 속에서 곧게 자란 나무는 전각의 기둥이 되어 귀한 대접을 받지만, 척박한 땅과 돌 틈에서 비틀거리며 자란 나무는 군불용 장작도 되기 어렵다. 아무리 좋은 씨앗이라도 환경이 받쳐주지 않으면 정상적으로 성장할 수가 없다. 단단하고 당차게 하늘을 향해 뻗어가고 싶지만, 바위가 뿌리를 막고 비바람이 가지를 비틀면 목숨을 유지하기도 어렵다. 살기 위해 어디든 발을 뻗다 보니 모양에 신경 쓸 새가 없었다. 겨우 살아남았지만 내세울 것이 없는 모탕이 되었다. 미꾸라지는 용이 될 수 없었고 개천에서 용이 나올 수도 없었다.

모탕은 소나무 밑동이나 구불구불한 밤나무가 제격이다. 비틀어져도 나무토막을 잡아주고 힘차게 내려치는 도끼날이 튀지 않게 감싸주면 된다. 목재도 장작도 될 수 없는 등걸이나 옹이가 많은 나무라도 아무 문제가 없다. 이런 나무가 흔들림도 적고 도끼날의 충격도 잘 받아주어 장작 패기에 편하다. 한 번 받침대가 되면 장작을 패지 않는 날이나 눈비가 오는 날에도 땅바닥을 지킨다. 도끼날에 찍힌 몸통이 개미허리처럼 가늘어져도 나무토막을 받아준다.

운명을 피할 수는 없다. 살다 보면 원치 않는 일들이 숙명처럼 다가온다. 피할 수 없으면 즐기라는 말도 있지만, 자신의 몸을 송두리째 내어주는 일이 어디 말처럼 쉬운가. 차마고도의 험난한 길을 가는 당나귀와 콧물마저 받아 마시며 사막을 가야 하는 낙타도 좋아서 하는 일은 아니다. 가지 않으면 안 되는 길이기에 갈 수밖에 없다. 강제 소집돼 전쟁터에 끌려가는 총알받이 학도병처럼 설사 가다가 죽는다 해도 가야만 할 때가 있다.

장작도 매 맞을 순서를 기다리는 신병처럼 불안하다. 날 선 도끼가 높이 올라가면 그 충격이 얼마나 큰지 알고 있는 모탕은 두 눈을 감는다. 도끼날이 자신의 등에 꽂힐 때마다 살점이 뜯겨 나갔다.

도끼는 나무토막의 혈을 찾아 내려친다. 도끼날이 정확히 맥을 찾아 들어가야 반으로 쪼개진다. 나무에 결이 없으면 잘 쪼개지지 않는다. 결이 선명한 참나무는 도끼날이 닿기만 해도 쫙 갈라지며 떡살 같은 목질을 드러낸다. 장작을 패다 보면 결이 분명하지 않은 나무가 더 많다. 비틀어지거나 옹이가 많은 소나무 밑동은 장작을 만들기도 어렵다. 도끼도 모탕도 서로 힘이 든다.

자루를 잡는 것만 봐도 도끼질 수준을 짐작한다. 숙련된 작업자는 가볍게 자루를 잡고 중력을 이용해 내려친다. 복싱선수가 어깨 힘을 빼고 가볍게 툭툭 던지는 잽처럼 최대한 힘을 빼야 도끼날에 가속도가 붙는다. 힘만 믿고 덤비다가는 믿는 도끼에 발등을 찍힐 수도 있다. 어쩌다 나무토막을 맞힌다 해도 장작이 아닌 나무 부스러기를 만들고 모탕을 찍는다.

모탕도 처음부터 고분고분했던 것은 아니다. 처음 몇 번은 몸을 요리조리 피했다. 빗맞은 나무토막이 튀어 오르면 도끼는 땅에 박혔다. 통쾌했다. 어쩌면 이 자리를 모면할 수도 있겠구나 싶었다. 아니었다. 바로 꺾쇠나 말뚝으로 땅에 묶였다. 억울함에 몸을 떨었지만, 세월이 적응하게 했다. 도끼날에 찍힌 등이 움푹 파이면 모탕도 나무토막도 움직이지 않았다.

나는 중학생이 되면서 도낏자루를 잡았다. 겨울방학만 되면 하얀 입김을 내뿜으며 새벽부터 톱질하고 장작을 팼다. 동생들이 일정한 길이로 잘라 주면 나는 장작을 팼다. 도끼질도 힘들지만, 전신 근육을 다 사용하는 톱질도 만만치 않았다. 톱질과 도끼질을 하면서 손가락뼈가 보일 정도로 다친 적도 있다. 상비약이 별로 없던 시절이라 송진을 발라 피를 멈추게 하고 화롯불에 손가락을 쪼이면서 상처가 아물기를 기다렸다. 추운 겨울 새벽마다 장작을 패는 일은 기를 모아 자신을 단련하는 수련이었다.

장작을 패는 일이 힘든 것만은 아니었다. 등걸과 통나무가 속살을 드러내며 쪼개질 때마다 쾌감을 느꼈다. 맥을 잘 짚어

한 번에 통나무가 쩍 갈라지면 마치 대어를 낚은 것같이 손맛이 좋았다. 무엇이든 다 할 수 있는 장골이 된 것 같았다.

부모는 언제나 자식을 먼저 생각한다. 때로는 자신의 존재감마저 상실한 채 자식에게 모든 것을 내준다. 거센 도끼질을 받아내는 모탕처럼 등이 굽고 뼈마디가 다 닳아도 자신만을 탓한다. 그것이 부모의 삶이다. 아버지가 힘든 것을 아는 아들은 드물다. 설사 안다고 말해도 그저 지나가는 빈말처럼 들린다. 어찌 겪어보지 않고 질곡의 세월을 이해한단 말인가. 자신이 부모가 되지 않는 한 그 희생을 알 수가 없다는 생각이 든다.

장작더미가 높아 갈수록 모탕은 작아져 갔다. 장작가리가 가지런히 쌓여 가면 도끼질 당한 모탕은 숨소리마저 잦아든다. 온몸으로 장작을 만들 때는 누구도 관심을 보이지 않다가 문제만 생기면 모든 원망을 감수해야 한다. 도끼날에 가슴이 움푹 파여도 헌신적인 자식들의 뒷바라지를 내세우지 않는 부모처럼 장작을 먼저 생각한다.

도끼를 받아낼 힘이 없는 모탕이 마당 한구석에서 조용히 썩어 간다. 활활 타오르는 장작불의 열기가 하늘 높이 오른다.

곡비哭婢

가마솥에 윤슬이 보인다. 희미한 등불에도 잔물결이 반짝인다. 열기가 소용돌이치면 무쇠솥은 소리 없이 눈물부터 흘린다. 때로는 큰소리로 울지만 불길이 멈추면 언제 그랬냐는 듯 조용해진다. 긴 세월 하루도 거르지 않고 어머니는 눈물을 닦아주며 다독거렸다.

처음부터 까만 솥이었던 것은 아니다. 뜨거운 불길을 참지 못하고 흘러나온 쇳물은 황토색이었다. 섬광을 번쩍이며 세상에 나타난 맑고 고운 쇳물은 숨 쉴 틈도 없이 모래 속으로 흘러들었다. 멋모르고 들어간 어둡고 숨 막히는 거푸집 속에서 몸부림쳤지만 절규의 목소리는 전해지지 않았다. 움직일 수 없는 좁은 공간에서 잠시 꿈틀거리다 등신불처럼 무쇠는 솥이 되었다.

솥은 군주를 나타내는 상징물이었다. 전쟁을 할 때도 솥은 반드시 가지고 다녔다. 밥을 제대로 먹지 못하면 병사들이 제 기량을 발휘할 수 없기 때문이다. 백성들이 배불리 먹을 수 있는 세상을 만드는 것이 왕의 가장 큰 덕목이다. 의식주 중에서도 먹는 것이 단연 우선이다. 예나 지금이나 먹고사는 것이 제일 중요하다. 이념도 좋고 정책도 좋지만 먹고사는 문제가 해결되지 않으면 소용이 없다. 열심히 공부하고 일하는 것도 잘 먹고 잘살기 위함이다. 사흘 굶으면 담을 넘지 않는 자가 없다는 옛말이 있다. 살기 힘들면 죽음을 각오하고 국경도 넘는다. 총알이 빗발치는 피난길에도 솥을 지고 가는 것은 생명줄이기 때문이다.

시골집 부엌에는 큰 가마솥이 있었다. 언제나 참기름을 바른 것처럼 반질거렸다. 부뚜막 가운데 자리 잡은 큰 솥은 늘 작은 솥을 곁에 두고 있었다. 장정이 대부분인 대식구라 뚜껑을 마음대로 열고 닫을 수 없을 정도로 컸다. 손이 귀한 집안이라 할아버지는 자손의 번창을 바라며 큰 솥을 준비했다. 여러 고택을 다녀 봐도 우리 집 무쇠솥보다 큰 가마솥은 본 적이 없다.

솥의 종류는 다양하다. 지역에 따라 크기와 형태는 다르지만 용도는 한가지다. 대가족이 농사를 짓던 농촌에서는 한 번에 많은 밥을 짓는 가마솥이 필요했다. 일찍부터 농경을 중심으로 정착 생활을 하던 우리의 부엌은 모닥불로 물을 끓이는 유목민들과는 달랐다. 유목민들의 뚜껑 없는 청동솥은 밥을 짓는 것이 아니라 물을 끓이고 고기를 삶는 솥이었다. 우리나라에도 가장 먼저 등장한 솥은 가마솥이 아니라 기마민족이 사용하던 청동솥이었다. 국립중앙박물관 삼한 시대 유물관 중앙에 세발 청동정鼎이 자리 잡고 있는 것도 그 때문이다. 핵가족 제도에 도시인구가 늘어나면서 가마솥 대신 알루미늄솥이나 냄비가 늘어났지만, 지금은 산골 동네에서도 전기밥솥을 사용한다.

전기밥솥은 많은 것을 변화시켰다. 어디에 가든 전기 코드만 연결되면 스위치 하나로 쉽게 해결된다. 연기나 그을음을 걱정할 필요도 없고 불의 강약을 조절할 일도 없다. 쌀을 미리 불리지 않아도 물만 적당히 붓고 쌀을 안치면 설익은 밥이나 태운 밥 대신 고슬고슬한 밥이 된다. 매 순간 젊은 아가씨의 생기발랄한 음성으로 실시간 상황을 알려주기도 하지만 다 좋은 것은 아니었다. 눌어붙은 누룽지를 박박 긁어 오돌오돌 씹히는 맛을 즐기고 밥솥에 불을 때며 조곤조곤 이야기 나누던 가족들의 모습은 사라졌다. 수천 년 내려오던 부엌 문화는 편리하게 바꾸었지만 얼굴을 맞대고 사람 냄새를 풍기던 장면들을 앗아갔다.

가마솥은 온 식구의 생명줄이었다. 물행주와 마른행주로 들기름으로 길을 낸 까만 솥이 반질거릴 때까지 닦고 또 닦았다. 정월만 되면 부뚜막에 촛불을 밝혀두고 모든 길흉을 판단하는 조왕신 같은 솥을 향해 비손도 했다. 먹고 살기 힘든 시절의 가마솥은 가족을 먹여 살리는 생명의 원천이라 신주 모시듯 했다.

어머니의 하루는 깜깜한 부엌에서 등불을 켜면서 시작되었다. 싸늘하게 식은 솥에 물을 붓고 서서히 솥부터 데웠다. 두껍고 둔탁한 무쇠 덩어리는 좀처럼 달아오르지 않았다. 센 불의 열기가 솥 안에 가득 차면 증기 기관차처럼 하얀 김을 사방으로 뿜어내며 한동안 휘파람 소리를 냈다. 널빈지 틈새의 칼바람에도 씩씩대며 힘차게 치솟던 수증기가 잦아들면 약불로 뜸을 들였다. 그제야 가마솥도 울음을 멈추고 조용해졌다.

고부간 갈등은 끝이 없었다. 며칠 잠잠하다 싶으면 비 맞은 풀잎처럼 어김없이 되살아났다. 유교의 잣대로 며느리를 가르치려는 할머니의 집착과 현실에 갇혀 있는 어머니의 반발은 늘 같은 자리를 맴돌았다. 가끔 방에서 가시 돋친 말이 흘러나오면 부엌에서도 혼잣말 같은 응답이 들렸다. 어느 쪽도 틀린 말은 없었다. 서로 생각이 다를 뿐이었다. 아버지는 어느 편도 들지 않았다. 그렇다고 중재를 하지도 않았다. 저절로 사그라들기를 바랐는지 여차하면 동네일을 핑계로 밖으로 나갔다.

할머니의 목소리가 높아지면 부엌은 잠잠했다. 설움이 복받치면 참았던 울음을 소리 없이 터뜨렸다. 그렇다고 보란 듯이 큰 소리를 내며 울 수는 없었다. 자식들도 어떤 위로의 말을 할 수가 없었다. 어느 날, 할아버지도 아버지도 잠재우지 못한 고부간 갈등에 섣불리 끼어들었다가 판을 키운 적이 있었다. 어설프게 한마디 거들었다 불난 집에 기름 붓는 꼴이 되었다. 아무리 가슴이 아려도 나서면 안 된다는 것을 그때 알았다.

가마솥은 어머니 대신 울었다. 울음소리가 구슬픈 물굽이를 이루며 부엌을 적시면 가라앉을 때까지 가만히 기다렸다. 눈물을 많이 흘리고 울어도 누구도 말리지 않았다. 큰 소리로 울어주는 가마솥이 남편이나 자식들보다 더 위안이 될 때도 있었다. 타들어 가는 어머니의 가슴만큼이나 가마솥도 까맣게 변해갔다. 희미한 등불이 지켜주는 무던한 가마솥은 주인을 대신해 울어주던 곡비哭婢였다.

무쇠솥은 연옥 같은 뜨거운 불길을 견디며 인고의 세월을 보냈다. 전생에 무슨 업보가 있었기에 날마다 소리 내어 울었는지. 이제는 눈물을 닦아줄 사람도 없는 부엌을 혼자 지키며 말없이 지난날을 생각한다. 아침 햇살에 반짝이는 물결처럼 윤기 흐르던 솥뚜껑에는 세월의 먼지만 켜켜이 쌓여간다.

배역이 끝난 가마솥은 활활 타오르는 용광로 불길 앞에서 또 다른 세상을 꿈꾼다.

피켓 며느리

시위가 판을 친다. 만장 같은 피켓이 물결을 이룬다. 모두가 하나씩 들고 나와 마구 흔들어댄다. 작은 널빤지지만 타인의 생각을 눈으로 볼 수 있어 여운이 남는다. 지금은 어디를 가도 갖가지 피켓들이 우후죽순처럼 늘어나고 있다. 갈수록 피켓 세상이 되어간다.

지금은 백가쟁명의 시대이다. 유사 이래 이렇게 많은 사람이 자기주장을 내세운 적은 없다. 누구나 자유롭게 토론하고 타협점을 찾기보다는 오직 자신의 의견만 앞세운다. 문제가 생기면 남 탓으로 돌리고 스스로 해결할 생각은 하지 않는다. 여차하면 떼로 몰려가 억지를 쓰고 힘으로 밀어붙이는 물리력도 불사한다. 평화 시위의 상징인 피켓이 때로는 흉기가 되어 난무할 때도 있다.

문명이 발달하자 곳곳에 피켓이 나타난다. 예전에는 손 팻말을 만드는 합판이나 각목도 구하기 힘들었지만 글씨도 제대로 쓰는 사람이 없었다. 지금은 자재도 흔하고 자유자재로 글을 쓸 줄 아는 컴퓨터가 있어 글자체를 선택할 수 있고 크기도 원하는 대로 조절할 수가 있다. 한자나 영어는 물론이고 어떤 나라 글자도 적을 수가 있다. 상상도 할 수 없을 만큼 박식하고 뛰어난 컴퓨터가 손쉽게 만들도록 도와준다.

피켓을 만들어 본 적이 있다. 신입사원 시절 김포공항에 손님 마중을 나갈 때였다. 미국의 큰 회사 부사장을 공항에서 모셔오는 일이었다. 누가 갈 것이냐를 두고 의견이 분분할 때 손을 번쩍 들었다. 공항에 가본 적은 별로 없었지만 자진해서 가겠다고 했더니 바로 낙점을 받았다. 처음 피켓이라는 것을 만들었다. 골판지 상자를 잘라 흰 종이를 붙이고 검은 매직펜으로 사람 이름과 회사명을 크게 적었다. 만들고 보니 너무 큰 것 같아 들고 가기 편하게 칼집을 내고 두 번 접었다.

국제선 대기실에 갔다. 수속을 마치고 나오는 문을 찾아 어디에서 있으면 좋을지부터 생각했다. 가장 눈에 잘 띄는 장소를 선점

하고 다른 곳으로 나가는 문이 없는지를 확인했다. 처음에는 쑥스러워 선뜻 피켓을 펴지 못했다. 다른 사람이 펼 때까지 눈치를 보며 망설였다. 혹시 못 보고 지나칠까 봐 불안했다. 문이 열리자마자 여행용 큰 가방을 끄는 사람들이 쏟아져 나왔다. 얼굴을 전혀 알 수 없으니 팻말을 보고 찾아오기만 기다렸다. 첫 간판을 걸고 개업한 주인이 손님을 기다리는 심정이었다.

피켓을 들고 있는 사람이 늘 궁금했다. 분명 가족은 아닌 것 같은데 어떤 사람을 저렇게 기다리는 것일까. 회사 업무 때문에 방문하는 사람일 수도 있겠지만 오랫동안 헤어져 살던 친척도 있을 것 같았다. 그때는 전화나 편지 말고는 서로 소통할 수 있는 수단이 별로 없던 시절이라 오랫동안 헤어져 살다 보면 얼굴을 기억할 수가 없었다. 아니면 얼굴도 모르면서 서신만 주고받던 연인일까 하면서 별별 생각을 다 했다. 마중 나올 사람이 없다는 것을 알지만 누군가가 피켓을 들고 배시시 웃고 있을 것 같아 언제나 시선은 그쪽으로 갔다.

지금은 여행사에서 만든 피켓을 자주 만난다. 외국 공항에 도착하면 이름도 성도 모르는 사람이 들고 있는 손 팻말을 보고 찾아간다. 순간적이나마 수많은 이름 속에 내가 찾는 피켓이 눈에 띄지 않으면 당황할 때도 있다. 모든 것이 낯선 곳이라 긴장되고 불안한 마음을 떨칠 수가 없다. 가끔 마중 나오기로 한 사람이 나오지 않을 때도 있다. 그때는 정말 황당한 경험을 하게 된다.

호텔 커피숍에서도 피켓을 본 적이 있다. 휴대 전화기가 없던 시절 고급 호텔 커피숍에서 차를 마시고 있을 때였다. 바람을 타고 흩날리는 산사의 풍경소리같이 들릴 듯 말 듯 청아한 종소리가 들렸다. 얼른 고개를 돌려 딸랑거리는 쪽을 돌아보니 찾는 사람의 이름이 적힌 피켓에 달린 작은 종에서 나는 소리였다. 일반 다방처럼 큰 소리로 이름을 부르지 않고 작은 종소리로 사람을 찾고 있었다. 약속 장소에 나타날 수 없는 사람의 전화라 유심히 쳐다보았지만 내 이름은 한 번도 없었다. 잘못 본 줄 알았다. 내 이름 석 자가 적힌 피켓이 갑자기 눈앞에 불쑥 나타났다. 대학 동기들과 해외여행을 마치고 피곤한 상태로 공항 대기실로 들어서다가 마주친 것이라 잘 못 봤나 싶어 다시 보았다. 너무나 익숙한 한자라 자세히 보니 내 이름이 분명했다. 순간 당황하며 놀랐지만 이내 웃을 수밖에 없었다. 단정하게 원피스를 입고 두 손으로 높이 피켓을 들고 있는 사람은 큰며느리였다. 환하게 웃으면서 피켓을 들고 있는 며느리 뒤에는 장남과 손녀, 그리고 아내가 함박웃음을 짓고 있었다. 내가 놀란 만큼 친구들도 입을 다물지 못했다.

이런 경우는 처음이었다. 여태까지 국내는 물론 해외여행을 수없이 다녔지만 이런 피켓은 처음이었다. 그것도 아들 내외가 직접 만들어 이벤트를 하다니 눈앞에 나타난 현실을 보고도 믿어지지 않았다. 몇 년을 떨어져 살았거나 긴 여행을 다녀온 것도 아닌데 이렇게 감동을 안겨 주니 피로가 단번에 풀리는 것 같았다. 같이 나오던 친구들과 지도 교수님께도 인사를 하니 모두가 웃으며 반가워했다. 며느리는 슬쩍 다가와 “아버님 많이 보고 싶었어요.” 라고 한마디 한다.

그 순간이 오래도록 가슴에 남았다. 낙동강 다리를 건너 만덕 터널을 통과하는 동안 바깥 풍경은 하나도 보이지 않고 오직 그 생각뿐이었다. 일요일 저녁이라 차가 밀렸지만 전혀 지겹지 않았다. 누가 시킨 것도 아닌데 어떻게 그런 마음을 먹었을까 하는 생각뿐이었다. 누가 먼저 구상을 했는지 모르지만 준비하면서 즐거워했을 아들 내외의 모습이 자꾸 떠올랐다. 작은 종이 한 장의 이벤트가 오래갈 것 같아 혼자서 실실 웃는다.

나는 한 번도 그런 적이 없었다. 아버지가 수없이 출타하고 귀가 하셨지만 마을 어귀에도 잘 나가지 않았다. 기껏해야 가끔 구두 닦아드린 것만 기억에 남는다. 누구나 아침이면 나가고 저녁에는 돌아오는 줄 알았다. 항구를 떠나지만 돌아오지 못하는 배도 있다는 것은 알았지만 크게 개의치 않았다. 어느 날 아버지는 다시 올 수 없는 먼 길을 홀로 떠나셨다. 이제는 배웅할 일도 마중 갈 일도 없다. 그때는 왜 그런 생각을 못 했을까 이제야 자책해 보지만 소용없는 일이 되었다.

길마

앙상한 뼈대만 남아 있다. 등신불이 되어버린 듯 미동도 없다. 질곡의 세월을 견뎌낸 길마는 일어날 기력조차 없어 보인다. 한때는 쇠등을 타고 산과 들을 누볐지만 지금은 한 발짝도 움직일 수 없는 몸이 되었다. 소도 사람도 떠나고 없는 빈집을 상주처럼 홀로 지킨다.

길마는 쇠등에 얹는 운반 도구이다. 말굽같이 굽은 두 개의 나무를 연결해 말안장처럼 만든다. 등에 착 달라붙도록 안쪽에 가마니나 천을 덧댄 길마는 실린 짐이 떨어지지 않도록 배와 궁둥이에 단단히 묶는다. 짐의 균형을 잡아주기도 하지만 긁히거나 찔리지 않게 보호하는 역할도 한다. 안장이 있어야 제대로 말을 탈 수 있듯이 길마가 있어야 짐을 싣거나 달구지를 끌 수 있다.

한 번 등에 올라온 길마는 쉽게 내려가지 않는다. 자신의 의지와 상관없이 얹히고 실리면 어디든 지고 가야 한다. 턱이 땅에 닿도록 목을 길게 빼고 자갈밭이든 가파른 비탈길이든 앞으로 나아간다. 뜨거운 콧김을 내뿜으며 입가에 침이 흘러내려도 곁눈질조차 할 겨를이 없다. 볏단이나 가마니가 무겁게 실리면 발을 옮길 때마다 통뼈 같은 네 다리가 후들거리고 근육은 쉴 새 없이 요동을 친다. 털이 빠져 맨살이 드러나고 굳은살이 혹처럼 부풀어 올라도 채워진 길마를 쉽게 벗지는 못한다.

소는 어쩌다 길마를 지게 되었는지. 맑고 큰 두 눈을 보면 선하기 그지없고 그늘에 누워 되새김질할 때면 한없이 여유로워 보이지만 그런 날은 많지 않다. 남을 해치거나 성가시게 하지 않고 천천히 풀만 뜯는 소가 전생에 무슨 업을 지었기에 그렇게 큰 짐을 져야 하는지. 죽어서도 몸뚱이를 보시하지만 물 한 모금 마실 새도 없이 마지막 가는 날까지 짐을 지고 달구지를 끈다.

한동안 지게를 졌다. 그때는 어느 집이든 크고 작은 지게가 창고나 헛간에 있었다. 유년 시절부터 몸에 맞지도 않는 지게를 질질 끌고 다녔다. 지게가 무엇인지 그것을 벗기가 얼마나 힘든지 몰랐다. 때가 되면 당연히 져야 하는 줄 알았다. 식구가 늘어날수록 더 많은 짐을 져야 하는지는 더더욱 몰랐다. 어깨에 물집이 잡히고 굳은살이 생겨도 쉽게 지게를 벗을 수가 없었다. 날이 갈수록 더 크고 무거운 짐이 올라왔다. 어떤 것도 선택하거나 거부할 수 있는 것이 아니었다. 그것이 삶의 무게이기 때문이다.

소도 처음에는 길마가 어떤 건지 몰랐다. 무거운 짐을 불러오는 도구인줄 알았다면 순순히 등을 내주지는 않았을 것이다. 뭔가가 올라오면 꼬리를 치켜들고 거품을 내 물며 길길이 날뛰었다. 그렇게 몇 번 발버둥치며 떨쳐냈지만 오래가지는 못했다. 고삐를 움켜쥐고 굽은 나무를 등에 얹으면 뛰어봐야 소용없다는 것을 아는지 담담하게 받아들였다. 시간이 갈수록 짐은 점점 크고 무거워졌다. 숨 쉴 수조차 없을 정도로 사정없이 짓눌러도 한 번 올라온 짐은 마음대로 내릴 수가 없었다.

가장이 가는 길도 그렇다. 그 길이 얼마나 멀고 험한 길인지 모르고 들어선다. 할아버지가 갔던 길을 아버지가 따라가고 세월이 지나면 아들도 밟는다. 꽁무니만 보고 따라가는 양들처럼 아무것도 묻지 않고 앞만 보고 따라간다. 설사 물어본다 한들 무슨 소용이 있겠는가. 아무리 벗겨도 껍질밖에 없는 양파 같은 길인 줄 알면서도 갈 수밖에 없다. 언제 생겼는지도 모르는 그 길은 왕도가 없기 때문이다. 가장이라는 이름 위에 짐이 쌓이면 등이 휘고 머리는 하얗게 변해간다.

아버지는 가장의 짐을 지지 않으려 했다. 젊은 시절에는 공부하느라 외지를 떠돌았고 전쟁이 끝나자 산골에 들어가 송진 공장을 차렸다. 모두 부자가 되는 줄 알았지만 판로가 만만치 않아 부도가 났다. 중년에는 공업도시의 중심가에서 판유리 대리점을 시작했다. 그것도 오래가지 못하고 빚더미에 올라앉았다. 빚쟁이들이 들이닥쳐 집안을 난장판으로 만들 때마다 논밭을 팔아야 했다. 마지막에는 소도 산도 급매물로 내놓았지만 잘 팔리지 않았다. 어린 자식들은 고향을 떠나야 할지도 모른다는 불안감에 가장의 짐을 나누어져야만 했다.

집안 살림은 어머니 몫이었다. 첫닭이 울면 캄캄한 방에 호롱불이 켜졌다. 어둠이 걷히기도 전에 시작되는 일과는 자식들 얼굴도 제대로 볼 여유가 없었다. 논밭일에도 앞장서야만 했다. 빈 땅만 있으면 뭔가를 심었다. 논두렁이든 밭두렁이든 황무지를 개간한 산비탈이든 상관하지 않았다. 집 근처에는 파나 부추 같은 것을 심고 자주 가지 않아도 되는 메밀은 먼 밭에 심었다. 끝없는 밭일에 손가락이 휘고 관절이 꺾여도 내색 한 번 하지 않았다. 한여름 뙤약볕에 주름살이 깊어지고 흘러내리는 땀 때문에 눈을 뜰 수 없어도 언제나 밭일을 하고 있었다.

가장은 한 가정을 이끌어 가는 사람이다. 거센 파도에 맞서 항해를 계속해야 하는 선장처럼 어떤 역경이 닥쳐와도 가정을 끌고 가야만 한다. 무리의 수장이랍시고 먹을 것부터 챙기는 수사자처럼 권리만 주장하는 사람은 가장이 아니다. 일어설 힘조차 없어도 필사적으로 사냥하고 배가 고파도 식구들부터 챙겨야 가장이다. 알만 낳고 자리를 뜨는 암놈보다 새끼가 될 때까지 포식자와 싸우다 돌 틈에 머리를 박고 죽어가는 가시고기가 진정한 가장이다.

모든 생물은 자신의 유전자를 전달하는 하나의 운반기계라고 도킨스는 말한다. 물려받은 유전자를 가장 많이 안전하게 다음 세대에게 물려주는 이기적인 유전자라고 한다. 어쩌면 그 말도 일리는 있겠다는 생각도 든다. 죽음을 감수하면서도 자식을 보듬는 모성애나 어떤 힘든 일도 마다않고 험지에서 일하는 가장을 보면 그런 생각이 든다.

원하든 원치 않든 자식은 부모를 닮는다. 같은 길을 걷지 않겠다고 다짐하지만 쉽게 굴레를 벗어날 수는 없다. 멀리 달아나려 하면 할수록 몸과 마음이 점점 옥죄어진다. 다른 삶을 산다고 생각하지만 최면을 거는 것일 뿐 언제나 같은 길이다. 그 길은 반질거리던 얼굴이 밭고랑처럼 주름져도 자식을 길마처럼 지고 사는 부모의 길이다.

사람은 누구나 길마를 짊어지고 산다. 가장이든 아니든 태어날 때부터 짊어지고 사는 길마는 마음대로 내려놓을 수가 없다.

열사의 모래바람이 숨통을 조여와도 묵묵히 걸어가는 낙타처럼 허리가 휘고 주름이 온몸을 감싸도 우직하게 가야만 한다. 그것이 삶이다.

지나온 질곡의 세월이 헛간의 길마로 남아 있다.

박수받지 못한 공연

조명이 화려한 크고 넓은 무대다. 객석의 박수 소리에 끌려 마이크 앞에 선다. 눌러 두었던 소리가 봇물 터지듯 어두운 공간으로 퍼져나간다. 단전에 힘을 주며 신들린 듯 성음을 토해내자 관객들도 점차 노래에 몰입한다.

혼자 장구를 치며 노래를 부른다. 고수도 없고 발림도 없지만 판소리처럼 창과 아니리로 이어간다. 상사병으로 죽은 정승 딸을 주인공으로 한 잡가 중 하나다. 박수무당 한 사람이 열아홉 명의 역할을 소리와 재담으로 소화하며 굿의 미신적 요소를 풍자한다. 말투나 가락이 굿판과 비슷해 실제 무당굿을 보는 느낌이 든다.

대학 축제 때 이 노래를 불렀다. 고등학교 때 불렀던 노래지만 반년이 지나 다시 큰 무대에 선 것이었다. 순수 민요도 아닌 서도 소리를 엮어 만든 창이라 잘 알려져 있지 않았다. 공연 순서를 확인하던 사회자나 출연자들도 곡목을 보고 고개를 갸우뚱거렸다. 누구에게 배웠냐고 물었지만 제대로 배운 적도 공연을 본 적도 없어 대충 얼버무렸다.

출연자 대기실은 북적댔다. 거울 앞에서 열심히 얼굴에 뭔가를 바르는 사람, 튜닝을 하느라 기타 줄을 튕기는 사람, 목을 푸느라 연거푸 물을 마시는 사람, 모두가 바쁘게 움직이고 있었다. 무대 경험이 없는 나는 그냥 앉아 있었다. 느긋한 척했지만 공연 시간이 다가올수록 몇 번이고 순서를 확인하며 팸플릿을 만지작거렸다. 플룻과 바이올린 같은 기악 연주가 끝나면 바로 무대로 나가야 했다. 분주한 대기실을 벗어나고 싶은 생각뿐이었다.

시민회관의 객석은 사회자가 나타나기도 전에 꽉 찼다. 낮 공연이라 그런지 대부분 가족과 함께 온 것 같았다. 커튼 사이로 객석을 내다보니 농악 연습을 같이하던 단원들과 같은 과 친구들이 앞자리를 차지하고 있었다. 눈이 마주치자 자리에서 일어나 손을 흔들며 환호했다. 어떤 친구는 내가 좋아하는 음료수병을 들고 마구 흔들어댔다.

드디어 내 차례가 왔다. 한복 차림에 장구를 메고 마이크 앞에

섰다. 서도민요 산염불을 시작으로 아니리와 창을 번갈아 부르는 배뱅이굿을 시작했다. 끊어질 듯 이어지고 고음과 저음이 부딪칠 듯 피해 가자 단숨에 관객들의 시선이 집중되었다. 진양조장단의 슬픈 대목에 이르자 관객들의 표정이 진지해졌다. 모든 시선이 무대로 집중되었을 때 딸의 혼을 부르는 굿을 시작했다. 각 도 무당을 불러 신나게 한바탕 굿판을 벌이고 끝을 맺었다. 순간 객석은 쥐 죽은 듯 조용했다. 끝난 줄 몰랐는지 인사를 하고 돌아서자 박수가 터져 나왔다. 이마와 목덜미에는 눈물 같은 땀방울이 흘러내렸다.

가끔 생각나는 한 공연이 있다. 할머니 앞에서 노래를 불렀던 그날이 지금도 생생하게 기억난다. 관객은 팔순을 넘긴 집안 할머니들이었고 장소는 우리 집 큰방이었다. 오후만 되면 촌수 높은 할머니가 지키는 큰방은 사랑방이 되었다. 역사만큼이나 질곡의 삶을 살아온 할머니들은 약속이나 한 듯 시간이 되면 대문을 들어섰다. 댓돌 위의 신발을 보지 않으면 방안에 사람이 있는지도 모를 정도로 조용한 모임이었다.

할머니들의 성화에 장구도 없이 창을 시작했다. 주름진 얼굴의 표정은 물론이고 작은 힘줄 하나 움직이는 것까지 눈앞에서 보면서 노래를 불렀다. 딸을 낳고 기르는 대목까지는 재미있다는 듯 바라보더니 죽은 외동딸이 떠나는 구성진 상엿소리가 나오자 팔순의 할머니들은 고개를 떨궜다. 스물세 살의 막내딸을 소리 없이 저세상으로 보내야 했던 우리 할머니, 한국전쟁 때 큰아들을 보도연맹 사건으로 허무하게 잃고 막내아들마저 군에서 총기 사고로 보내야 했던 안집 아지매, 전쟁터에 나갔다가 끝내 돌아오지 못한 큰아들의 시신마저도 제대로 수습하지 못한 보문 아지매의 앙상한 손등에는 핏기 없는 푸른 정맥이 가늘게 떨리고 있었다. 가짜 무당이 죽은 딸의 혼을 불러내자 움푹 들어간 할머니들의 눈에는 물기가 서리기 시작했다.

가끔 동네에서 굿판이 벌어지면 할머니는 빠짐없이 구경을 갔다. 그때마다 할머니는 소복 같은 한복에 흰 고무신을 신고 갔다. 정갈하게 빗질한 머리카락을 비녀로 마무리한 흰머리의 가르마가 유난히 선명하게 보였다. 한 번 자리잡으면 요동치는 굿판이 끝날 때까지 흰 무명 손수건을 꼭 쥐고 있었다. 혼을 불러온 무당이 애절하게 아버지를 부르고 어머니를 찾으면 참새보다 적은 눈물을 아무도 모르게 닦았다. 굿이 끝나고 등불을 따라 돌아올 때는 언제나 말이 없었다.

작은 공연이 끝났다. 반 시간 정도의 긴소리가 끝났다. 한 인간이 태어나 죽어 나가고 영혼을 달래는 마지막 대목까지 끝났지만 누구도 박수를 치지 않았다. 눈도 마주치지 않았다. 가늘게 떨던 문풍지마저도 숨을 죽였다. 정적이 감도는 방 안에는 숨소리마저 들리지 않았다. 손대지 말아야 할 누름돌을 건드린 것 같아 조용히 밖으로 나왔다.

마당에는 작은 회오리바람이 일었다. 멋모르고 집안에 들어온 바람이 방향을 잃고 돌다가 스르르 잦아든다. 짧은 겨울 해가 서산을 향해 빠르게 활공한다. 툇마루에 앉아 저녁노을이 붉게 물드는 서쪽 하늘을 한참 동안 바라본다. 저녁노을이 사라지기도 전에 하얀 조각달이 푸른 하늘에 박힌다. 방안은 여전히 인기척이 없다. 할머니들의 아픈 사연이 되살아난 것이다. 가슴을 쥐어뜯으며 묻어 두었던 사연들이 삭아 없어진 줄 알았지만 아니었다. 없어진 것이 아니라 새벽을 기다리는 나팔꽃처럼 숨죽이고 있었던 것이다. 겉은 말라비틀어지고 누렇게 시들었지만 억새처럼 뿌리는 생생하게 살아 있었다. 운명이라 생각하며 바쁘게 살았지만 잊히지 않았던 것이다.

누구나 가슴속에 뭔가 하나쯤 묻고 산다. 차이는 있겠지만 차곡차곡 쌓아두고 누름돌로 눌러둔다. 뜬금없이 불쑥 떠오를까 봐 늘 다독인다. 누군가 그 돌을 건드리면 숨죽은 사연들이 목젖을 밀고 올라온다. 때로는 각혈하듯 혼자서 토해 내지만 피멍 든 상처는 쉽게 지워지지는 않는다. 육신은 흔적 없이 사라져도 지워지지 않은 사연들은 어디에선가 또 피어오른다.

지금도 나는 무대에서 공연을 한다. 관객도 없는 무대에서 배뱅이굿 한 가락을 구성지게 뽑는다.

해운대의 새벽

자정이 넘도록 북적거리던 해변이 조용하다. 한때 치열한 전투가 벌어졌던 전쟁터처럼 백사장은 아무 일도 없었다는 듯 평온한 모습이다. 늘 그렇게 밤이 지나가고 새벽이 오지만 눈여겨보지 않았다. 인적이 끊긴 새벽에도 해운대 모래밭에는 하얀 물거품이 쉴 새 없이 들락거리며 또 다른 무대를 준비한다.

정월 대보름만 되면 해가 지기도 전에 많은 사람이 해운대로 모여든다. 유난히 큰 달이 수평선 너머로 얼굴을 내밀면 사람들은 기다렸다는 듯이 달집을 태우며 환호한다. 대나무가 하늘 높이 불티를 날리며 폭죽 소리를 내자 축제는 절정에 달한다. 영원할 것 같던 달집이 풍물 소리에 사라지면, 불야성을 이루던 유흥가의 네온사인도 폭음을 내던 폭죽들도 빛을 잃는다. 남아 있던 불씨가 사위어가고 구경꾼들마저 발길을 돌리면 해변은 다시 어둠에 묻힌다. 파도 소리가 점점 크게 들리는 새벽이 오자 동백섬 소나무에 걸렸던 보름달이 서산으로 다가간다.

빛바랜 새벽달이 멀어져 간다. 힘차게 수평선을 뚫고 올라온 엊저녁 대보름달이 아니다. 별마저 사라진 겨울 밤하늘이 얼마나 힘들었는지 지친 기색이 역력하다. 처음부터 보름달이었던 것은 아니다. 보이지 않는 어둠 속에서 생겨나 열닷새 만에 완전한 모습이 되었다. 정점을 찍은 보름달이 그믐을 향해 작아져 간다.

해변의 새벽은 고깃배가 연다. 밤새 먼 바다로 조업을 나갔던 배들이 불빛을 반짝이며 하나둘 미포항으로 돌아온다. 밤새 검은 파도가 넘실대는 바다에서 목숨 걸고 파도와 싸우던 어부들의 얼굴에는 환한 미소가 묻어난다. 가족이 마중을 나오고 장사꾼들이 기다리는 부두를 향해 개선장군처럼 귀환한다. 갓 잡아 온 펄떡이는 생선을 팔고 사는 사람들의 큰 목소리가 어둠을 밀어낸다. 새벽을 여는 사람들이 몰려드는 바닷가의 밤은 짧다.

달집의 흔적이 백사장에 남아있다. 하늘을 향해 검붉은 불길을 뿜어내던 거대한 달집과 오방색 장식들이 타고 남은 재를 보면, 생을 마감하고 열반에 든 어느 스님의 다비식 장소처럼 황량하기만

하다. 얼굴을 스치는 새벽바람이 불 때마다 검은 재가 사방으로 흩어진다. 자신의 몸을 태워 세상을 밝히고 불티마저 날려 보낸 달집의 흔적도 바람을 타고 사방으로 흩어진다. 백사장이 점차 제 모습을 찾는다.

해변의 풍경은 계절 따라 변한다. 차가운 바닷바람이 부는 겨울에는 쓸쓸하고 삭막하지만 여름만 되면 수많은 사람으로 넘쳐난다. 더위가 더해질수록 뜨거운 모래에 몸을 묻거나 밀려드는 파도와 씨름을 하고, 밤새 술잔을 기울이는 사람들로 북적인다. 불야성을 이루던 백사장에도 찬바람이 불면 지친 갈매기들만 가끔 찾아든다.

백사장은 언제나 같은 모습이다. 숱한 사람들이 난장으로 놀다 가는 여름이나 인적이 끊긴 겨울에도 늘 온화한 얼굴이다. 때로는 성난 파도가 미친 듯이 뭍을 향해 달려들지만 치기 어린 자식들의 투정을 감싸주는 부모처럼 말없이 받아준다. 하얀 거품을 문 파도가 끊임없이 모래밭을 다듬는다.

부침浮沈

일장춘몽이다. 꿈처럼 다가왔다가 아지랑이처럼 사라졌다. 모든 일에는 흥망성쇠가 있지만 눈앞에서 이렇게 펼쳐질 줄은 몰랐다. 칡넝쿨처럼 거침없이 뻗어 나가더니 하루아침에 무너져 내렸다. 서서히 침몰하는 것이 아니라 어느 순간에 모든 것이 다 사라졌다.

가끔 친구 회사에 들렀다. 갈 때마다 다른 모습이었다. 중고 기계 몇 대로 허름한 건물에서 시작했지만 조선 산업의 발전과 더불어 성장을 거듭했다. 회사가 빠르게 성장하자 공장을 이전하면서 사세를 불렸다. 대기업 일을 잘 해낸다는 소문이 퍼지자 까다로운 선진국 주문도 밀려왔다. 덩치 큰 철강 기계를 수출하면서 회사 이름도 널리 알렸다. 남들이 꺼리는 중공업 기계도 서슴없이 도전했다. 기술이 부족하면 사람을 스카우트해서라도 반드시 잘 마무리했다. 그 회사가 일 년 전 부도났다.

제자들이 많이 일하던 회사도 한 달 전에 부도가 났다. 경험이 없는 부실 회사의 인수 때문이었다. 어떻게 해서라도 종업원을 줄이지 않으려고 노력했지만 부실의 빚더미에서 헤어나지 못했다. 인수한 회사가 점점 수렁으로 빠져들자 잘 돌아가던 회사마저 휘청거렸다. 여러 곳을 찾아다니며 도움을 요청했지만 허사였다. 쓰러져가는 회사를 도와줄 곳은 아무 데도 없었다. 흑자가 날 때는 오지 말래도 찾아오던 은행들이 발길을 끊자 일감도 현저하게 줄었다. 수주와 자금 때문에 동분서주하던 사장도 점점 지쳐 갔다. 사정이 악화되자 겨우 숨만 쉬던 두 회사가 동시에 물속으로 가라앉았다.

왕고모 집은 부자였다. 처음 그 집에 갔을 때가 생각난다. 어린 내가 상상할 수도 없는 큰 양옥집이었다. 철 대문을 열자 말로만 듣던 정원이 나타났다. 단풍나무가 하늘을 가리는 정원에는 모란과 함박꽃이 가득했고, 채송화가 널브러진 꽃밭 연못에는 금붕어가 한가롭게 꼬리를 흔들며 놀고 있었다. 저녁을 먹고 일제 TV에서 생전 처음 레슬링 경기를 보았고 독일제 전축에서 흘러나오는 웅장한 교향곡도 들었다. 나는 정원이 내다보이는 서재의 대형 피아노 의자에 앉아 처음 보는 책을 신기한 듯 뒤적이며 시간을 보냈다. 그 집도 잘 돌아가던 공장이 부도나자 재물도 사람도 어디론가 떠나갔다.

고향에도 그런 집이 있었다. 예전에 잘 살았지만 지금은 흔적도 없이 사라진 집들이 있다. 가을이면 소작농이 곡식을 가득 채우는 집 주인은 언제나 말쑥한 차림이었다. 논은 많지만 논에서 일하는 모습을 본 적이 없고 지게 한 번 지지 않아도 나뭇가리는 집안에 그득했다. 시골에서는 공부가 안 된다며 도회지로 전학 간 그 집 아이들은 방학이면 하얀 얼굴로 고향에 나타났다. 얼굴이 새까만 친구들과는 점점 멀어졌고 눈인사조차 제대로 하지 않고 공부해야 한다며 도시로 돌아갔다. 시골과 도시의 중간에서 제자리를 찾지 못하고 어정쩡하게 지내던 그 친구는 기억 속에만 남아 있다.

이루기보다 지키기가 더 어렵다는 말이 있다. 할아버지는 가끔 이 말을 밥상머리 주제로 올렸다. 살림을 늘리고 가문을 세우는 일보다 유지하는 것이 더 힘들다는 말이다. 할아버지도 살림을 지켜내지는 못했다. 불리기는 했지만 오래 지키지는 못한 아쉬움 때문이었을 것이다. 다섯 마지기 논을 서른 마지기로 늘렸고 산과 밭을 사들였지만 그리 오래가지는 못했다. 세찬 파도에 밀려온 밀물은 빠르게 빠져나갔다. 땅은 영원한 주인이 없다는 것을 알기도 전에 어디론가 사라졌다.

매스컴에는 연일 희망적인 말뿐이다. 상상도 할 수 없던 일들이 숨 돌릴 틈도 주지 않고 일어난다. 믿을 수 없는 파격적인 모습도 연일 벌어진다. 잘되기를 바라는 마음은 간절하지만 한편으로 우려하는 사람도 많다. 어느 한쪽으로 편중되지 않고 상생할 수 있기를 바라지만 말처럼 쉬운 일은 아니다. 지나친 기대 뒤에는 늘 실망이 뒤따랐다. 과대포장은 잠시 현혹시킬 수는 있지만 본질을 충족시켜주지는 못한다. 무슨 일이든지 즐거움과 고통은 함께한다. 크게 실망하지 않으려면 흥분된 가슴을 가라앉히고 조용히 지켜보는 것이 좋을 듯하다.

승승장구할 때는 앞만 보고 간다. 날아가는 새가 뒤를 돌아보지 않듯이 높고 멀리 날 것만 생각한다. 비바람이 거세게 불거나 태풍이 와도 앞만 보고 난다. 경험이 부족하거나 오만한 생각이 넘치면 무모하리만큼 겁 없이 도전한다. 급하게 떠오르는 상승기류는 세상을 다 덮고도 남을 것 같지만 태풍처럼 오래가지 않는다는 것을 모른다. 절대로 무너지지 않을 것 같은 만리장성도 무너지고 붉은 자금성 벽도 퇴색되고 손상되었다. 그러나 그것은 요새일 뿐이다. 아무리 강한 성벽이나 돌담도 세월의 무게를 감당하기는 어렵다. 조금만 관리를 소홀히 하면 일순간에 와르르 무너진다. 사람도 마찬가지다.

잘될 때 조심해야 한다. 모든 것이 부족하고 힘들 때는 남의 충고를 고맙게 받아들이지만 잘나갈 때는 그렇지 않다. 몇 번 성공하다 보면 세상이 만만해 보이기 때문이다. 돌다리도 두드려 보고 건너라는 충고는 앞길을 가로막는 시샘으로 여긴다. 부족한 점을 일러주는 사람이 스승이라는 말도 소용없다. 자신감이 풍선처럼 부풀어 자만에 빠지면 결국 터지고 만다. 웬만큼 내공이 쌓인 사람이 아니면 자신의 능력을 과신하고 무리수를 둔다. 초심을 잃지 않고 늘 되돌아본다는 것은 쉬운 일이 아니다.

지나친 욕심은 모든 것을 잃게 한다. 돈도 명예도 마찬가지다. 작은 권력이라도 손에 쥐면 세상을 얕잡아보고 설치는 사람이 많다. 가서는 안 되는 길이나 갈 수 없는 길을 가려는 사람도 있다. 분수를 지키라고 하지만 욕심의 늪에서 쉽게 헤어나지 못한다. 분수를 모르고 설치다가 물속으로 가라앉는 소리가 곳곳에서 들린다.

영원한 것은 아무것도 없다. 부와 명예도 끝까지 잡을 수 있는 것이 아니다. 구름처럼 천천히 다가왔다 바람처럼 스쳐 지나간다. 세상 모든 것이 부이처럼 가라앉고 떠오르며 끝없이 자맥질을 한다. 산이 제 모습을 드러내자 자욱하던 안개가 하늘로 올라간다.

세실극장

우여곡절 끝에 살아났다. 세실극장이 문을 닫는다고 하자 반발이 심했다. 반세기 가깝도록 많은 사람이 울고 웃던 공연극장을 하루아침에 닫을 수는 없었다. 마당놀이를 보았던 풋풋한 추억 하나가 사라질 뻔한 위기를 넘겼다.

세실극장은 국내 최초의 공연전용 극장이다. 덕수궁 돌담길이 끝나는 성당 한쪽에 자리 잡은 벽돌 건물이다. 세종문화회관처럼 웅장하거나 크지도 않고 좌석이 많은 것도 아니었다. 부채꼴로 된 좌석 배치 덕에 공연자들의 표정을 잘 볼 수 있었다. 창극이나 마당극은 물론 연극조차 제대로 올릴 공연장이 없던 시절이라 전용

극장의 개관은 신선한 충격이었다. 독특한 현대식 건물과 갈 곳 없던 전통문화가 어우러지는 곳이라 많은 관심을 받았다.

난생처음 마당극인 토생전을 보러 그곳으로 갔다. 은행잎이 물들기 시작하는 덕수궁 돌담길을 천천히 돌아 인적이 드문 작은 길로 들어섰다. 공연 시간이 많이 남아서 그런지 돌계단 출입구는 북적대지 않고 한산했다. 푹신하고 두툼한 의자에 앉으니 무대가 눈앞으로 다가왔다. 딱딱한 의자가 숨 막히게 배치된 일반 영화관과는 느낌이 달랐다. 군복을 입은 나는 조용히 모자를 벗고 공연이 시작되기를 기다렸다.

바깥세상은 여전히 시끄러웠다. 서울의 봄이니 뭐니 하더니 계엄군 천지가 되었다. 영원할 것 같던 권력의 핵심이 사라지자 무주공산처럼 비틀대다가 신군부에게 힘이 넘어갔다. 대학생들은 끝까지 민주화를 주창하며 최루탄에 맞서 격렬하게 저항했다. 급기야 대학은 강의도 시험도 없는 개점휴업 상태가 되었지만 리포트로 성적을 매기고 장학금도 주었다. 그 와중에도 권력을 잡겠다고 분주하게 합종연횡을 거듭하며 세력을 키워가는 무리도 있었다. 또 다른 마그마가 열기를 더하며 부글거리고 있었다.

불안한 기운이 가득한 병영은 부산하게 움직였다. 바깥세상과 격리된 부대원은 통제된 매스컴을 통해 세상을 보는 것이 전부였다. 자세한 내막도 모른 채 실전 같은 긴급 출동과 사격 연습을 밤낮없이 계속했다. 언제든 출동할 수 있도록 짐을 싸 놓고 총을 메고 철모를 쓴 단독군장으로 다녔다. 사무실 서류도 후송할 것과 파기할 것을 분류해놓고 비상상태에서 일을 했다. 점차 높은 단계의 비상이 발령되자 곧 전쟁이 터질 것만 같았다. 불안한 마음에도 전쟁이 터지면 군인이 가장 안전하다는 자조적인 농담을 주고받았다.

처음 만난 장소는 서울역 다방이었다. 오랫동안 금지되었던 외출이 막 허용되던 가을이었다. 끝이 보이지 않던 군 생활도 종착역을 향하던 때라 내무반 동기가 마련해준 외출증을 들고 서울로 나갔다. 겨우 찾은 다방에는 많은 사람이 열심히 떠들고 있었다. 사방을 두리번거렸지만 노란 목도리를 두른 아가씨는 보이지 않았다. 입구에서 멀지 않은 곳에 자리를 잡았다. 성냥과 재떨이가 놓여 있는 탁자에는 시키지도 않은 엽차가 잽싸게 자리를 잡았다. 한 번 더 복장을 확인하고 입구 쪽에 시선을 고정했다.

장계현의 〈나의 이십 년〉이라는 노래가 흘러나왔다. 내무반 회식 때마다 어느 선임이 줄기차게 부르던 노래였다. 저녁마다 매타작 소리가 울려 퍼지는 내무반이었지만 가끔은 회식을 통해 쌓였던 울분을 토해내기도 했다. 그렇다고 선을 넘었다가는 회식은 바로 끝이 났다. 기분 좋게 마셨던 술 냄새가 다 빠져나갈 정도로 대가를 치러야 했다. 누구도 간섭하지 않는 왕고참이라 평소에

하고 싶었던 그림 연습을 하고 있었다. 목수 출신 방위병과 튼튼이 액자도 만들었다.

작은 가방을 둘러멘 노란 목도리의 아가씨가 문에 들어섰다. 한눈에 알아보고 손을 들자 해맑은 얼굴의 아가씨는 가슴에 붙은 명찰을 확인했는지 생긋 웃으며 인사부터 한다. 학교에 근무해서 그런지 나이보다는 훨씬 성숙한 모습이었다. 군대 이야기로 시작했지만 소리와 그림 이야기를 하면서 공감대를 넓혀갔다. 친구의 말만 믿고 주저 없이 나갔는데 자연스럽게 이야기가 잘 이어졌다. 두 살 적은 아가씨는 다방 문을 나서면서 오빠라 불렀다. 여동생이 없어 한 번도 들어보지 못했던 그 호칭을 듣는 순간 화끈 얼굴이 달아올랐다.

토생전은 별주부전이다. 생소한 마당극을 본다고 생각하니 마음이 설렜다. 기껏해야 동네 걸립 노는 것을 본 것이 전부였던 나는 기대가 컸다. 마당극을 극장에서 공연하지 않던 시절이라 더 그랬다. 풍물놀이야 엄마 등에 업혔을 때부터 봐왔지만 마당극은 전혀 다른 장르였다. 대학 축제 때마다 장구와 꽹과리를 친 적이 있던 터라 관심이 많던 분야였다.

드디어 토생전이 시작되었다. 경쾌한 장단과 익살스러운 연기에 모두가 젖어들었다. 창극이나 판소리처럼 지루하지 않았다. 무엇보다 관중들과 호흡을 같이하는 공연이라 나도 배우가 된 것 같았다. 가끔 양념같이 더해지는 재치 있는 애드리브가 관객의 눈과 귀를 사로잡았다. 칼칼한 목소리로 충청도 사투리를 많이 구사하는 배우의 자연스러운 연기는 새로운 세상을 보는 것 같았다. 평소 잘 웃지 않던 나는 그날 많이도 웃고 떠들었다. 지금도 그 생각을 하면 방금 본 것처럼 기억이 생생하다. 극장을 나와 덕수궁 미술관 국전도 같이 보러 갔다. 그해 겨울에 몇 번 더 그녀와 연극과 그림을 보러 다녔다.

세월이 한참 지나 혼자 세실극장을 찾았다. 한용운의 〈님의 침묵〉을 보러 갔지만 채 끝나기도 전에 조용히 나왔다. 그날도 하늘에는 흰 구름이 떠다녔지만 고궁에는 국전이 열리지 않았다.

날이 갈수록 기억 속의 그날이 선명하게 다가온다. 누구나 젊은 시절의 기억은 소중하다. 사람은 기억을 먹고 늙어가기 때문이다. 봄날 아지랑이처럼 지난날 기억이 피어났다 사라지면 혼자 쓴웃음을 짓는다. 말할 수 없어 더 그립고 다시 올 수 없는 날이기에 아쉬움이 남는다.

세실극장이 문을 다시 열었다. 가을이 되면 노란 은행잎을 밟으며 덕수궁 돌담길을 돌아볼까 한다. 풋사과 같은 기억이 구름처럼 떠다니는 하늘이 점점 높아만 간다.

2부

등짐 잃은 거북

거북은 머리를 치켜들고 있었다. 먼 곳을 바라보며 울부짖는 것 같기도 하고 뭔가 찾고 있는 것 같기도 했다. 등짐을 잃어버린 봇짐장수처럼 목을 길게 빼고 사방을 두리번거렸다. 누군가가 등에 올라타면 바로 떠날 자세였다. 용왕 앞에 토끼를 태우고 갔던 별주부처럼 바다를 향한 거북의 등에는 다양한 문양으로 장식되어 있었다.

달맞이꽃

숟가락을 잡고 노래를 부른다. 쑥스러운 듯 먼 곳을 바라보며 나직하게 시작한다. 식판 두드리는 소리가 잠시 숨을 죽이자 일사불란하던 박수 소리도 잦아든다. 달이 훤히 비추는 밤이면 혼자 흥얼거리던 사수의 달맞이꽃 노래도 그날이 마지막이었다.

달맞이꽃은 귀화식물이다. 밤이 되면 꽃이 활짝 핀다고 달맞이꽃이라 부르지만 반드시 밤에만 피는 것은 아니다. 척박한 땅에서도 키가 허리춤에 머물 정도로 자라고 줄기마다 앙증맞은 꽃이 해를 향해 핀다. 장미꽃 모양의 꽃잎을 받쳐주는 줄기에는 톱니 같은 잎들이 어긋나게 붙어 있고, 엄지손톱보다 조금 큰 노란 꽃은 여름 내내 피고 진다. 기다림이란 꽃말처럼 무엇을 기다리다 꽃이 되었는지 이슬이 촉촉하게 내리는 밤만 되면 환하게 웃는다.

사수는 그 노래를 구성지게 불렀다. 훤칠한 체격에 이목구비가 뚜렷한 얼굴이었지만 할말이 있어도 속으로 삼키는 내성적인 성격이었다. 누구하고도 살갑게 농담이나 대화를 하지 않고 크게 말하지도 않았다. 훈련 중에도 쉬는 시간만 되면 초점 없는 눈으로 먼 곳을 바라볼 때가 많았다. 동기들이나 동료들과 다정하게 이야기를 나누는 모습은 한 번도 본 적이 없었다.

술을 아주 좋아했다. 내무반 회식이 있는 날이면 표정부터 달랐다. 군납 소주 몇 병과 개구멍을 통해 들여온 비닐봉지 김치가 전부였지만 종일 밝은 표정이었다. 주번하사였던 사수는 저녁 점호도 생략하고 바로 회식을 시작했다. 김치를 담은 파란 플라스틱 식판이 침상에 배치되고 소주병이 군데군데 놓이면 준비는 끝났다. 술잔이 한 순배 돌면 말석부터 자동으로 노래가 장전되고 발사되었다. 우물쭈물하다가는 회식이 중단되고 바로 기합으로 연결되었다. 사수는 회식 때마다 밑 빠진 독이라는 별명처럼 주는 대로 다 받아 마셨다.

전역을 앞둔 사수와 탄피 반납을 하러 간 적이 있다. 양손에 든 탄통이 무거웠지만 둘만의 외출이라 마음은 한없이 가벼웠다. 몇 번이나 버스를 갈아타면서도 말없이 앞서 내리고 먼저 차에 올랐다. 악명 높은 검문소를 지날 때도 그저 창밖 풍경에 시선을 고정한 채 아무 말이 없었다. 인적이 드문 한적한 시골 버스 정류소에 내려 비포장 산길을 따라갔다. 탄약부대 정문을 통과해 초소를 몇 번 지나자 반납장소가 나타났다.

가을이라 들판의 햇볕이 따가웠다. 길가에는 노란 달맞이꽃이 오가는 사람들의 시선을 붙잡았다. 산꼭대기의 단풍이 물들기 시작하자 부대 정문의 미루나무 작은 이파리도 바람이 불 때마다 달개같이 춤을 추고 부풀대로 부푼 억새꽃도 떠날 때를 저울질하고 있었다. 길가에 늘어선 플라타너스 나뭇잎이 노랗게 물들기 시작하자 성급한 홍시가 바람이 불 때마다 모습을 드러냈다. 모두가 떠날 채비를 하고 있는 것 같았다.

일을 마치고 천천히 내려오다 보니 버스에서 내렸던 삼거리가 나왔다. 어쩌다 한 번씩 지나가는 군용트럭이 아니면 차가 잘 다니지 않는 곳이었다. 사수는 정류장 옆 허름한 상점으로 서슴없이 들어갔다. 처음이 아닌 것 같았다. 자리에 앉자마자 막걸리 두 되를 시켰다. 포천 이동 막걸리라는 글이 벽에 붙어 있었다. 안주는 어묵 국물이 전부였다.

막걸리를 가득 채운 노란 양은그릇을 가볍게 부딪치고는 단숨에 들이켰다. 맛을 음미하기도 전에 주전자 꼭지는 작은 폭포처럼 걸쭉한 막걸리를 토해내고 있었다. 안주를 먹을 새도 없이 연거푸 마시고는 한 주전자를 더 시켰다.

술기운이 오르자 사수는 처음으로 신상에 관한 말을 꺼냈다. 청주에서 대학을 다니던 이야기며 병기 학교에서 이곳으로 온 내력까지 띄엄띄엄 이야기를 이어갔다. 사귀던 여자 친구는 입대를 앞두고 헤어졌다고 했다. 그러고 보니 면회 오는 사람을 한 번도 본 적이 없었다. 전역하면 무엇을 해야 할지 걱정이라는 말과 함께 연거푸 두 잔을 들이켰다. 이런저런 이야기를 하다 보니 주전자는 또 비어 있었다.

이동 막걸리는 달착지근했다. 전국적으로 유명한 포천 막걸리는 안주가 없어도 잘 넘어갔다. 지금도 그 유명세가 남아 있는지 알 수 없지만 그때는 정말 알아줬다. 빈속에 막걸리를 들이붓다시피 마셔서 틈만 나면 뒷문을 들락거리며 오줌통을 비웠다. 그렇게 다섯 주전자를 비우고 나서야 우리는 일어섰다. 둘이서 한 말을 마신 셈이었다. 아직도 가을 해는 중천에 떠 있었다. 벌건 얼굴로 버스를 탔다.

결국 검문소에서 걸렸다. 업무시간에 술을 마셨다는 이유로 버스에서 끌려 내려갔다. 술이 확 깼다. 사수는 당황한 기색 없이 덤덤하게 검문소로 들어갔다. 영창은 아니라도 군기 교육대는 가야 될 것 같았다. 갑자기 눈앞이 캄캄했다. 얼마 전 그곳을 다녀온 고참은 얼마나 힘들었는지 한 달 동안 거의 말이 없었다. 조서를 작성하는 헌병이 천천히 다가왔다. 이제는 꼼짝없이 군기 교육대로 가는구나 싶었다.

그때였다. 다가온 헌병이 갑자기 손을 내밀면서 악수를 청했다. 숙이고 있던 고개를 들어 보니 논산 훈련소 동기였다. 옆자리에서 한 달 동안 동고동락한 동기였다. 훈련을 마치고 병기 학교로 가면서 헤어졌는데 여기서 만난 것이다. 부대로 돌아가는 차를 잡아준 친구는 전화번호도 챙겨주었다.

며칠 후 송별 회식이 있었다. 사수는 전역 축하 회식에서 김정호의 〈달맞이꽃〉을 불렀다. "얼마나 기다리다 꽃이 됐나 달 밝은 밤이 오면 홀로 피어 쓸쓸히 쓸쓸히 미소를 띠는 그 이름 달맞이꽃…." 모두가 조용히 창밖을 내다봤다. 밤이면 혼자서 기타 치고 노래하던 사수에게 달맞이꽃은 무엇이었을까. 왜 활짝 피지 못하고 늘 움츠리고 있었는지 가는 날까지 물어보지 못했다.

산책길 양쪽에 노란 꽃이 지천으로 피어있다. 밤이슬이 내리자 오므리고 있던 작은 꽃이 두 팔 벌려 달빛을 맞는다. 애처롭게 핀 달맞이꽃을 보자 사십 년 전 짧은 인연이 되살아난다. 밤길을 밝혀주는 달맞이꽃이 잊힌 줄 알았던 지난 이야기를 줄줄이 불러낸다.

누구나 하지 못한 말을 안고 산다. 어찌 하고픈 말을 다 하고 살 수가 있겠는가. 가슴속에 담아둔 갖가지 사연을 혼자 꺼냈다

넣기를 반복한다. 밤이 되면 홀로 피는 달맞이꽃처럼 사람들은 저마다 홀로 삭이며 살아간다.

등짐 잃은 거북

넓은 들에 표주박처럼 떠 있는 낭산의 끝자락이다. 널브러진 잡초가 일렁이자 납작 엎드린 거북의 등이 드러났다 가라앉는다. 숱한 사연을 간직한 채 긴 세월 수풀 속에 엎드려 몸을 낮추고 있다.

폐사지는 도로와 철길 사이에 있다. 그 앞을 자주 지나다녔지만 눈여겨보지 않던 곳이다. 바로 옆 선덕여왕릉에 갔을 때도 무심코 지나쳤다. 안내판이 있지만 경주에서는 흔한 모습이라 염두에 두지 않았다. 발굴 작업을 할 때도 관심을 가지지 않던 곳을 홀린 듯 찾아 나섰다. 경주 배반동의 사천왕사지이다.

사천왕사는 삼국통일 직후에 세워졌다. 수십만 당나라 수군이 신라를 침공하자, 풀과 나무로 절과 신상神像을 세우고, 승려들이 비법으로 풍랑을 만들어 당나라 배를 수몰시켰다는 창건 설화가 있다. 삼국을 통일한 뒤 종교의 힘을 빌려 민심을 추스르고 국론을 모으기 위해 몸부림치던 격동기에 건립한 최초의 쌍탑 사찰이다. 탑 자리에서 출토된 목탑 기단의 녹유사천왕상전은 당시 최고의 조각가였던 양지의 작품으로 전해진다. 자주국가가 되려고 안간힘을 다하던 때 어렵게 지은 사찰이지만 소명을 다하자 사라졌다.

그곳에 두 마리 거북이 있다. 두 거북은 서로 다른 방향으로 달려간다. 얼핏 보면 어디론가 황급히 달아나는 모양이지만 가까이 가보니 화려한 머리나 장대한 몸체를 잃어버린 귀부龜趺의 등이다. 네발로 땅을 짚고 있는 귀부는 순교자처럼 머리가 잘려나가고 없다. 최고의 망나니가 단칼에 잘랐는지 다듬은 듯이 매끈하다. 사찰을 불태우고 수호신이던 사천왕상을 산산조각 낼 때 거북의 목마저도 날려버린 것이다.

머리 없는 거북이 풀밭에 엎드려 있다. 마치 원호 모양의 등이 놀란 공벌레 같아 보인다. 얼마나 긴 세월을 버텨냈는지 검버섯 같은 돌이끼가 온몸을 덮고 있다. 태어나고 자란 바다로 가려 해도 머리가 없어 방향을 찾지 못한다. 남천이나 낭산도 신작로와 철길에 막혀 갈 수가 없다. 절을 지키지 못한 죄책감에 고슴도치처럼 잔뜩 몸을 움츠리고 있지만 귀부가 없었다면 폐사지를 어떻게 찾을 수 있었겠는가.

설화 속 거북은 천 년을 산다고 한다. 등과 배를 덮고 있는 단단한 각질판이 천수를 누리게 한다. 모래 속에서 부화될 때부터 장군이 되길 원했는지 갑옷을 입고 있다. 때로는 호신용 갑옷이 평생 벗지 못하는 업보 같아 보인다. 전생에 무슨 업을 지었는지 태어나 죽을 때까지 형틀 같은 갑골을 지고 오체투지하듯 바닥을 기어 다닌다. 누구도 벗겨 줄 수 없는 딱지 같은 두꺼운 갑옷을 지고 천 년을 살아간다.

귀부는 비석의 받침대다. 용무늬가 새겨진 이수와 비문이 적혀 있는 탑신을 등짐처럼 져야 한다. 하필이면 거북 등에다 무거운 돌을 올려놓았을까. 비문에 적힌 기원이 세세손손 전해지기를 바라는 마음이었을 것이다. 정작 거북은 자신이 지고 있는 돌에 어떤 비문이 쓰여 있는지 알려고 하지 않는다. 안다고 한들 무슨 소용이 있겠는가. 삶의 굴레를 벗지 못하는 인간들처럼 스스로 벗을 수는 없다.

경주에는 귀부가 많다. 비문이 새겨진 몸통을 잃어버리고 용이 새겨진 머리만 지고 있는 무열왕릉비 옆에는 등짐을 다 잃어버린 채 먼 곳을 바라보고 있는 돌거북도 있다. 비석의 받침대가 되려 했지만 끝내 되지 못한 거북도 있다. 흥덕왕릉에 가면 눈도 귀도 없는 거북 한 마리가 소나무 숲에 앉아 있다. 제대로 모양도 갖추지 못하고 성급하게 왔다 쫓겨났는지 아니면 말할 수 없는 사연이 있는지 나무 뒤에 몸을 숨긴다. 어쩌면 무거운 짐이 싫어 그곳에 있는 것인지 모를 일이다.

초등학교 수학여행을 갔을 때였다. 돌거북 한 마리가 머리를 치켜들고 헤엄치듯 큰 묘 옆에 놓여 있었다. 그때는 그것이 비석을 받치는 귀부인지도 몰랐다. 친구들과 서슴없이 그 위에 올라 탔다. 지키는 사람도 말리는 사람도 없었다. 나는 목을 잡고 말안장처럼 걸터앉았고 친구들은 등에 올라섰다. 우리는 차례로 올라가 온갖 폼을 잡으며 사진을 찍었다.

거북은 머리를 치켜들고 있었다. 먼 곳을 바라보며 울부짖는 것 같기도 하고 뭔가 찾고 있는 것 같기도 했다. 등짐을 잃어버린 봇짐장수처럼 목을 길게 빼고 사방을 두리번거렸다. 누군가가 등에 올라타면 바로 떠날 자세였다. 용왕 앞에 토끼를 태우고 갔던 별주부처럼 바다를 향한 거북의 등에는 다양한 문양으로 장식되어 있었다. 비석이 없는 거북은 금방이라도 동해의 용궁으로 향할 것만 같았다. 푸른 파도를 헤치고 나갈 것 같아 거북 등에 올라타자 마자 목을 끌어안았다.

폐사지에도 봄기운이 완연하다. 안개처럼 하얗게 개망초가 꽃을 피우자 성급하게 씨앗을 다 날려 보낸 민들레는 빈 줄기만 잡고 있고, 밟을수록 억세지는 질경이는 청순한 자태로 꽃대부터 올린다. 춤을 추다 멈춘 듯한 아름드리 소나무 새순들이 송홧가루를 털어 내고 하늘로 향한다. 굴곡진 세월만큼이나 비틀어지고 굽은 소나무가 지키는 신령스러운 낭산에도 여지없이 봄바람이 짙어간다.

왕실의 사찰이었다. 영원하기를 바라며 금당 좌우에 높은 목탑을 배치했다. 나라를 구했다는 명분으로 당간지주를 높이 세우고 금당이며 강당도 넓게 터를 잡았다. 가장 빈약한 나라였던 신라를 반석에 올려놓은 왕들의 치적을 담은 비문들이 거북이 등에 올려졌다. 왕실의 여인들은 자손이 이어지기를 빌고 나라가 어려울 때마다 국왕이 예불을 올리는 또 다른 궁궐이었다. 삼국을 통일한 신라의 국운이 사찰을 중심으로 모아질 때 사천왕사는 그 중심에 있었다.

영원한 것은 없다. 통일신라도 그렇게 오래가지는 못했다. 지금도 웅장한 건물과 석탑을 곳곳에서 세우지만 그 또한 영원하지는 않다. 아무리 잘난 사람도 때가 되면 흙으로 돌아가는 것처럼 뛰어난 조각가가 만든 석탑이나 조각도 세월을 이기지는 못한다. 모든 것이 바람처럼 지나가는 것이라 생각하니 한결 마음이 가벼워진다. 처연함마저 감도는 빈 절터는 구름처럼 왔지만 바람같이 가라고 한다.

댓잎들이 속살거리는 인적 없는 폐사지에는 발소리에 놀란 개구리 한 마리가 돌확 속으로 몸을 숨긴다. 소실점이 되어버린 철길에 아지랑이가 피어오른다. 낭산에서 불어오는 봄바람에 거북이 고개를 치켜들고 와짝 눈을 뜬다.

낙엽이 가는 길

산골짝의 새벽은 늦게 온다. 큰 산일수록 계곡이 깊어 하루 해가 짧다. 긴 능선을 넘어온 햇볕이 자리 잡을 만하면 어느새 반대편 산마루에서 서성인다. 붉은 기운을 쏟아내는 저녁노을이 나뭇가지에 걸리면 도둑고양이처럼 살며시 어둠이 찾아든다. 발원지를 알 수 없는 맑은 물줄기가 계곡의 작은 마을을 지나 바깥세상으로 나간다.

밖에서 보면 마을이 전혀 보이지 않는다. 하루에도 수만 대의 차들이 쌩쌩 달리는 경부 고속도로가 이중으로 막고 있어 접근조차 어렵다. 작은 절벽과 암반으로 된 입구가 뭔가가 있음을 짐작게 하지만 동네가 있을 거라는 생각은 쉽게 들지 않는다. 어찌나 은밀하게 자리 잡고 있는지 예전에 유배지가 아니었을까 싶기도 하다. 세상을 등지고 은인자중하며 살기에는 더없이 좋은 동네 같다.

어느 날, 마을 입구에 음식점이 생겼다. 노송을 배경으로 '그대 발길 머무는 곳에'라는 식당 간판이 오가는 사람들의 눈길을 붙잡는다. 오래된 감나무가 수호신처럼 지키던 마을 어귀의 작은 밭이 언제부턴가 식당 주차장이 되었다. 가끔 그곳을 지날 때마다 긴 식당 이름을 시처럼 읊조렸다. 어떤 사람이 주인이기에 저런 이름을 지었을까 싶었다. 며칠 전, 우연히 찾은 찻집에서 주차장 감나무와 눈이 마주쳤다.

밑둥치가 유난히 검은 감나무엔 이파리가 보이지 않는다. 한여름 뜨거운 햇살을 막아주던 무성한 감잎은 어디로 갔을까. 휑하니 비어버린 허공에는 붉은 감 몇 개가 늦가을 햇볕에 속살이 보일 정도로 빨갛게 몸을 태운다. 이파리 뒤에 몸을 숨기고 있던 빨간 감이 억센 잎이 떨어져 나가고 없는 나뭇가지를 붙잡고 있다. 바람이 불 때마다 몸서리치듯 나뭇가지가 흔들리면 감은 춤을 추듯 운율을 탄다.

감나무는 차마 열매를 떨어뜨리지 못한다. 밤나무나 갈참나무는 적당한 시기가 되면 영근 열매부터 떨어뜨리지만 감은 그렇지 않다. 모두가 자식 같은 열매를 멀리 보내고 추운 겨울을 준비하는 늦가을에도 감나무는 열매를 자식처럼 보듬고 있다. 언제까지나 달고 있을 수 없다는 것을 알면서도 놓지 않는다. 홍시가 되기도 전에 일찌감치 잎과 인연을 끊은 붉은 감은 파란 가을 하늘과 보색을 이룬다.

감꽃은 벚꽃처럼 화사하지도 아카시아꽃처럼 꿀이 많지도 않다. 그렇다고 천리향이나 만리향처럼 향기가 좋은 것도 아니다. 멋모르고 달려든 벌 나비가 하나둘 떠나면 왕관 같은 감꽃은 땅에 떨어진다. 긴 세월 넓은 이파리 밑에 숨어 딸 부잣집 막내아들처럼 푸른 감은 좋은 것만 받아먹고 체중을 불려 나간다.

넓은 감잎들이 떠나간다. 떨켜가 수분을 끊자 맥없이 떨어져 나간다. 한동안 기를 쓰며 버텼지만 주황색이 점점 짙어지자 하나둘 가지와 이별한다. 자신의 역할이 끝나면 어김없이 둥지를 떠나보내는 어미 새처럼 나무도 나뭇잎을 떨쳐낸다. 땅에 떨어진 갈색 감잎들이 굼벵이처럼 온몸을 움츠린다. 늦가을 찬바람에 멍석말이하듯 돌돌 말린 낙엽들이 바람 따라 우왕좌왕하다 구석 한쪽으로 모여든다.

지난여름이 아쉬운지 나무 곁을 쉽게 떠나지 못한다. 모여든 가랑잎들이 출전 북이 울리기를 기다리는 듯 몸을 추스른다. 돌격 명령이 떨어지면 어디든 뛰어들 준비를 마친 병사들처럼 나무둥치

근처에서 마지막 시간을 보낸다. 나뭇가지는 말없이 내려다보기만 한다. 지금 떠나면 영영 볼 수 없다는 것을 알지만 여기까지가 인연이라는 것도 겸허히 받아들인다.

어디선가 한 줄기 바람이 쌩하니 불어온다. 금방이라도 바스러질 것 같은 검은 가랑잎 하나가 마당을 가로지르자 좀비처럼 모두가 따라나선다. 어디로 가는지도 모르고 돌진하는 병사들처럼 정신없이 달려간다. 계곡이 있는 줄도 모르고 달려온 가랑잎은 낙화암에 몸을 던진 삼천 궁녀들처럼 허공에 몸을 날린다.

낙엽이 지면 꿈도 따라가는지. 지나온 무더운 여름이 그립고 아쉽지만 계절은 덧없이 흘러간다. 평생 젊음을 간직할 줄 알지만 어느새 서리가 내려앉은 사람의 모습을 보는 것 같다. 찬바람이 앙상한 가지를 울리는 한겨울이 되면 정처 없이 떠돌던 가랑잎은 어디에선가 잘게 바스러진다. 가을만 되면 무성한 잎들이 그렇게 사라지지만 눈여겨보는 사람은 없다. 삭풍에 떨고 있는 앙상한 나뭇가지만 쳐다보며 모두가 아쉬워한다. 굴러가는 낙엽이 지난 날을 불러낸다.

사십 년 전, 이 동네에 온 적이 있다. 친구들이 여름 방학 동안 봉사활동을 하던 산골 마을이었다. 친구들이 같이 가자고 했지만 농사짓는 부모님을 생각하니 따라갈 수가 없었다. 어느 날, 봉사단 단장이었던 친구가 시골집으로 찾아왔다. 동민 위안의 밤이라는 프로그램 때문이었다. 분위기를 이끌 사람이 없다고 같이 가자고 했다. 멀리서 찾아온 친구를 돌려보낼 수 없어 따라나섰다.

시외버스를 타고 양산을 거쳐 비포장도로의 한적한 곳에 내렸다. 고속도로 밑을 지나 계곡을 따라 올라가니 감춰진 산골 동네가 나타났다. 어두워진 밤하늘에는 은하수가 강물처럼 흐르고 있었다. 한 번도 본 적이 없는 동네 사람들이었지만 노래를 부르고 장구를 치며 시간 가는 줄 모르고 놀았다. 얼굴도 잘 보이지 않는 캄캄한 밤에 끝없이 이어지는 노래는 온갖 풀벌레 소리를 불러왔다. 떠나는 날, 천성산 산자락의 아침은 늦게 찾아왔다. 날마다 같이 공부하고 놀았던 여자아이들은 눈물 흘렸고 막걸리를 마시며 동네 일을 함께한 마을 청년들은 말끝을 흐렸다.

낙엽이 가라앉는다. 방금 떨어진 가랑잎이 계곡에서 빙빙 돌더니 천천히 물속으로 빠져든다. 낙엽이 가는 길은 어디일까. 멀리서 지켜보던 감나무는 마지막 작별 인사처럼 가지를 흔든다. 빨간 홍시 하나가 주차장 바닥에 툭 떨어진다. 마치 물풍선이 터진 것처럼 선홍빛 액체가 사방으로 튄다.

모두가 흔적을 남기려고 애를 쓴다. 종이에다 글을 쓰고 돌에다 이름과 글씨를 새기기도 하지만 자식을 통해 자신의 모습을 완성하려는 일에 모든 것을 건다. 지체가 높거나 가진 것이 많은 사람일수록 더욱 욕심을 부린다. 나무나 사람이나 유전자 번식을 위한 노력은 같지 않을까.

계곡물에 비친 늦가을 햇살에 눈이 부신다.

오층 돌탑

허리를 곧추세우고 있다. 얼핏 보면 잘 보이지도 않는 돌탑이다. 밤톨같이 작은 돌로 만든 오층탑이 꼿꼿한 자세로 폭포를 바라본다. 큰 물줄기가 쉴 새 없이 소리를 내도 곁눈질 한 번 하지 않는다. 고난 속에서도 소신을 굽히지 않는 순교자가 되어 물보라를 맞는다.

탑은 부처의 다른 모습이다. 돌을 쌓는다고 탑이 되는 것은 아니다. 무언가 바람을 담고 구도자들을 보듬어 줄 수 있어야 한다. 사찰의 중앙에 자리 잡는 것도 그런 이유가 아닐까 싶다. 탑을 중심으로 전등이 세워지고 법당이 앉으면 가람이 균형을 잡는다.

폭포는 말을 하지 않는다. 어디서 와서 어디로 가는지도 알려 주지 않는다. 태고의 물줄기는 밤낮을 가리지 않고 아래로 떨어진다. 얼음이 앞을 막고 매미 소리가 시끄러워도 스스럼없이 몸을 날린다. 높은 줄 몰랐는지 떨어지는 물도 하얗게 질린다. 용이 된 줄 알고 오르는 이무기처럼 물보라가 하늘 높이 올라간다. 가을 햇살이 만든 작은 무지개가 기백산을 향한다.

용추龍湫는 크지 않다. 그렇다고 아주 작지도 않다. 용이 승천했다는 전설을 간직했을 만큼 늘 푸른 물결이 출렁인다. 열 길도 넘는 높은 곳에서 쉴 새 없이 떨어지는 폭포수가 가마우지처럼 물속으로 들어간다. 소沼가 없었다면 어찌 마음 놓고 몸을 날릴 수 있겠는가. 소는 물이 많거나 적어도 불평하지 않고 물줄기를 받아낸다. 떨어지는 물에 퍼렇게 멍이 들어도 물줄기만 생각하며 자신의 등을 내준다.

물이 흐른다. 막히면 돌아가고 갇히면 채워준다. 빨리 간다고 우쭐대지도 늦게 간다고 애달파하지도 않는다. 소용돌이치는 소의 물도 떨어지는 물을 몇 번 받아주고 소리 없이 빠져나간다. 더 낮은 곳을 찾아 길을 떠난다. 유수부쟁선流水不爭先. 앞서려고 다투지도 않는다. 자리에 연연하는 무리와는 다르게 자신의 역할이 끝나면 스스럼없이 물러난다. 물처럼 순리대로 살면 그것이 최고의

선이다. 범부에게는 꿈같은 이야기다.

작은 돌탑이 용추와 폭포를 바라본다. 우람하게 각진 탑신도 하늘을 향해 펼쳐진 옥개석도 없고 금빛 찬란한 보주도 없지만 분명 돌탑이다. 봉정암 오층석탑이나 법계사 삼층석탑처럼 다듬지 않은 큰 돌 위에 자리 잡고 있다. 누가 이렇게 작은 돌탑을 만들었을까. 무슨 소원을 담아 넓은 반석 위에 조심스럽게 쌓아 놓고 갔을까. 뾰족한 탑 끝이 하늘을 향하고 있다. 아무도 관심을 두지 않던 작은 돌이지만 탑이 되자 또 다른 영혼을 달래고 있는 것 같다.

계곡 바람마저도 숨을 죽인다. 노란 단풍잎 하나가 허공을 가르며 돌탑 옆에 살포시 내려앉는다. 먼저 쌓인 낙엽 위에 조심스럽게 자리를 잡는다. 어쩌다 바람에 실려 용추에 떨어진 나뭇잎은 가랑배가 되어 떠내려간다. 물이 가자는 대로 그냥 따라간다. 물살에 돌기도 하고 비틀거리기도 하지만 그래도 자꾸만 내려간다. 봄을 준비하는 여린 가지를 보았고 여름을 물들이는 연두색 나뭇잎도 보았다. 그 이파리들이 짙은 녹색이 되었다가 이제는 단풍이 되어 떠나가고 있다. 지금이 아니면 작별을 할 수 없을 것 같아 이곳을 다시 찾았다.

일주문 하나가 돌탑을 내려다본다. 두 개의 굵은 기둥이 예사롭지가 않다. 하나는 칡이고 하나는 싸리나무라고 한다. 칡이나 싸리나무가 저렇게 굵을 수 있을까 싶은데 울퉁불퉁하게 튀어나온 근육질이 그렇다고 말한다. 대웅전의 둥근 기둥이나 고택의 사각 기둥처럼 다듬지 않아 금강장사의 이두박근 같은 질감이 그대로 살아 있다. 그렇다고 여느 사찰처럼 날아갈 듯이 추녀 선을 뒤집지도 않았고 웅장하지 않지만 붉은 색칠이 더 탄탄하게 보이게 한다. 덕유산장수사조계문德裕山長水寺曹溪門이라는 현판이 선명하다. 땅딸막하지만 안정감 있는 일주문이 돌탑을 내려다보고 있다.

탑도 기단도 없는 절터에는 잡초만 무성하다. 신라 때 지어졌다는 절은 일주문만 남겨둔 채 넓은 길이 나 있다. 주춧돌이나 축대도 없고 깨진 기와 한 장도 보이지 않는다. 일주문이 없었다면 아무리 절터라 해도 믿을 수가 없을 정도다. 가끔 기백산 등산객들이 잡초만 무성한 터를 밟고 산비탈 길을 올라간다. 누런 돼지감자가 점령한 절터에는 잎 떨어진 감이 가을 햇살에 진홍빛으로 물들어간다.

일주문에 단장한 흔적이 보인다. 튼튼한 붉은 기둥과 굵은 서까래의 선명한 단청이 눈길을 끈다. 좌우에 늘어선 고목의 호위를 받으며 손님을 맞이한다. 검은 껍질을 자랑하는 굵은 벚나무는 잎보다 먼저 꽃을 피워 봄을 알리고 무성한 이파리도 일찌감치 붉은 물을 들인다. 그 나무마저 없었다면 황량한 언덕에 홀로 서서 추억을 함께할 친구조차 없는 노인처럼 멀리 황석산 봉우리를 바라

보면서 외로움을 달래야 했을 것이다.

언젠가는 그 고목도 떠나간다. 영원히 일주문을 지켜줄 수는 없다. 화재로 타버린 법당과 건물은 몇 번 중건했으나 6·25전쟁 때 소실되었다고 한다. 고승도 동자승도 떠나갔지만 일주문이 있는 한 장수사는 사라진 게 아니다. 폭포 소리에 목탁 소리가 더해지면 스님의 독경 소리가 고명처럼 올려질 것이다.

바람이 탑을 돈다. 물보라도 따라 돈다. 바람이 이끄는 대로 천천히 탑돌이를 한다. 염불 소리를 들으며 팔상전과 탑을 도는 신도들처럼 쉬지 않고 이어진다. 무슨 잡념이 많았는지 깨달음을 얻었는지 작은 돌탑은 언제나 물에 젖어 있다. 일주문은 탑을 보며 무슨 소원을 말했을까. 떠나간 스님들이 돌아오고 사라진 건물들이 제 모습을 찾도록 해달라고 하지 않았을까 싶다. 큰 물줄기가 세찬 바람과 용추 하늘에 물보라를 일으켜도 탑은 미동도 하지 않는다. 요지부동 깊은 사색에 빠진 안거의 수도승처럼 면벽지경에 잠겨 있다.

폭포는 끊임없이 떨어진다. 비췻빛보다 더 푸른 용추가 물길을 받아준다. 잠시 소용돌이치며 기다렸다 때가 되면 천천히 내려간다. 발길 닿는 대로 정처 없이 떠도는 운수행각처럼 떠난다. 영혼을 빌어주는 작은 돌탑의 염불 소리가 크게 울려 퍼진다.

순조 누나

눈도 마주치지 않는다. 말없이 차에 올라 먼 산만 바라본다. 이삿짐 차가 골목을 빠져나가자 모두가 몽구스처럼 그쪽만 바라본다. 하직 인사도 제대로 하지 못한 채 그렇게 떠났다. 가끔 바람을 타고 들려오던 소식마저 끊긴 지 반세기가 넘는다. 다시는 못 만날 줄 알았는데 느닷없이 전화가 왔다.

어느 해 봄, 윗집에 모르는 사람이 이사를 왔다. 초로의 부부와 어린 두 딸이었다. 작은 이불 보따리와 몇 점밖에 없는 단출한 세간이 그 집 형편을 짐작게 했다. 도시에서 왔지만 한동네 살았던 사람처럼 낯설지가 않았다. 순박한 인상과 행색이 전형적인 시골 사람이었다. 두 딸은 겁에 질린 병아리처럼 엄마만 졸졸 따라다녔다.

예나 지금이나 연고가 없는 시골은 도시보다 발붙이기가 힘들다. 어디를 가도 대대로 모여 사는 집성촌이 많아 외지인을 경계하고 배타적으로 대한다. 그때만 해도 마을을 찾아오는 사람은 먼 친척이 대부분이었다. 낯선 사람이 동네에 찾아들면 하던 일도 멈추고 어느 집으로 들어가는지부터 살필 때였다. 머리가 벗겨진 아저씨가 할아버지께 인사를 하러 왔다. 정중한 자세를 보니 시골의 정서를 잘 아는 것 같았다.

그 후 며칠 동안 별 움직임이 없었다. 반쯤 열린 사립문도 종일 제자리를 지키고 있고 아이들도 잘 보이지 않았다. 드디어 어린 딸이 골목에 나타났다. 혼자 골목에서 놀다가 누가 나타나면 얼른 집으로 들어갔다. 저녁 무렵이 되자 우리 집 대문 앞에서 집안을 빼꼼히 들여다보았다. 형님이 들어오라고 손짓을 하자 잽싸게 달아났다. 한동안 그 집에 대해 아무도 말하지 않았다. 그럴수록 나는 궁금증이 커져갔다.

그들이 이사 온 집은 왕고모 소유였다. 부산으로 이사를 하면서 별장처럼 한옥을 지어놓고 관리할 사람을 찾고 있던 터였다. 큰딸이 왕고모부 집에서 잔심부름하는 조건으로 이곳에 왔다는 것은 한참 뒤에야 알았다. 별장 같은 한옥 본채의 행랑채라

한 가족이 사는 데는 별문제가 없었다.

한국전쟁의 언저리라 모두가 힘들 때였다. 많은 사람이 도시로 몰려갈 때 시골에 온 아주머니는 매달 면사무소에서 배급 밀가루를 타왔다. 미국 원조 표시가 찍혀 있는 광목 밀가루 포대를 이고 먼 길을 걸어왔다. 배급 밀가루가 어찌나 희던지 직접 논에서 키운 밀로 만든 우리 집 국수나 수제비보다 맛있어 보였다.

큰딸은 순이 누나였고 둘째는 나보다 세 살 많은 순조 누나였다. 성격이 무던하던 순이 누나는 얼마 지나지 않아 왕고모 집 도우미로 떠났고, 남아 있는 순조 누나는 재치 있고 눈치가 빨라 어른들의 귀여움을 독차지했다. 우리 집에 놀러 오면 형님들은 친동생처럼 대했다. 골목에서 소꿉놀이하다가 지겨우면 집에 들어와 마루에서 노래자랑을 하거나 연극놀이를 하며 놀았다. 우리 형제들과 같이 밥을 먹을 때도 많았다. 형님은 매달 누나의 머리를 예쁘게 잘라주었고 부산에 놀러갈 때도 데리고 갔다. 우리는 형제처럼 용두산 공원의 벤치에 앉아 부산항을 드나드는 배를 세면서 영도다리가 들리기를 하염없이 기다리기도 했다. 일본을 왕래하는 아리랑호가 그렇게 큰 줄 처음 알았고 제주도에 가려면 도라지호를 타야 한다는 것도 그때 알았다. 돌아갈 때는 차비가 없어 전차 차장에게 사정해 무임승차도 몇 번 했다. 별것 아닌 것을 보고도 한 사람이 웃으면 다 같이 웃고 떠들어댔다. 오누이처럼 어디든 같이 다녔다.

아저씨는 무식자가 아니었다. 물려받은 전답과 집을 도박으로 다 날렸다는 아저씨는 언제나 말이 없었다. 일을 해본 경험이 없는지 지게는 등에 잘 붙지 않았고 쟁기질도 어설펐다. 많이 배운 것 같지는 않지만 틈만 나면 책을 읽고 있었다. 두툼한 돋보기 안경 너머에 펼쳐진 두꺼운 책에서 뭔가를 열심히 찾았다. 나중에 알았지만 사주팔자에 관한 책이었다. 지나온 자신의 발자취를 되짚어보고 있었다.

어느 날, 순조 누나가 부산으로 간다고 했다. 농사를 조금 지었지만 배급 밀가루에 의지하며 사는 처지라 낮에는 친척 가게 일을 돕고 밤에는 야간 중학교에 다닐 거라 했다. 누나는 가는 날까지 우리 집에서 같이 놀았다. 방학에는 꼭 오겠다는 약속도 잊지 않았다. 늘 같이 지냈지만 막상 떠날 때는 인사도 제대로 못하고 헤어졌다.

그렇게 떠나고는 소식이 없었다. 유난히 콧등에 땀이 많이 나던 순조 누나의 해맑은 얼굴이 가끔 떠올랐지만 점점 희미해져 갔다. 아주머니는 일찍 세상을 떴고 아저씨는 남의 토정비결이나 사주를 본다는 말도 풍문으로 들었다. 십 년 넘게 가족 같은 이웃으로 살았지만 그것이 마지막이었다.

순조 누나가 옛집을 찾아왔다. 회갑을 훌쩍 넘긴 나이에 찾은 그곳은 예전 동네가 아니었다. 추억이 깃든 반세기 전의 마을은 어디에도 없었다. 날마다 소꿉놀이를 하던 골목이나 구불구불한 흙담은 사라진 지 오래고 아는 사람 하나 없었다. 봄이면 분홍빛 살구꽃이 흐드러지게 피고 가을이면 빨간 홍시가 담을 넘던 그 집은 마을길이 되어 있었다. 완전히 변해버린 그 집에는 멀리서 이사 온 낯선 사람이 살고 있었다. 이장을 만나 겨우 알아낸 내 전화번호로 전화를 한 것이다.

가족의 안부부터 물었다. 할아버지와 할머니, 아버지가 돌아가셨다는 말에는 별 반응이 없다가 어머니가 병원에 있다고 하자 나이를 묻는다. 큰형님은 돌아가셨다고 했더니 깜짝 놀란다. 여상을 졸업하고 은행에 근무할 때 한 번 본 적이 있다고 하면서 아쉬워한다. 작은형님도 몇 해 전에 저세상으로 떠났다고 했더니 한동안 말이 없다.

"너무 늦었네."

한참 뒤에야 탄식 같은 나직한 한마디가 들린다. 통화가 거의 끝날 무렵에야 자신의 지난날을 간단하게 설명했다.

누구나 그런 적이 있다. 꼭 만나보고 싶거나 하고픈 말이 있지만 때를 놓치는 경우가 있다. 언제나 옆에 있을 것 같고 언제라도 만날 수 있을 것으로 생각한다. 바쁜 생활을 핑계로 차일피일하다 보면 영영 만날 수 없게 된다는 아주 평범한 사실을 모른다. 삶의 현실에 끌려다니다 놓친 일이 한둘이겠는가. 날마다 원치 않는 일상의 스케줄을 따라가다 보면 참으로 귀중한 것을 놓치는 경우가 많다.

한동안 잊고 살았다. 어려웠던 시기라 몸도 마음도 다 떠났다고 생각했다. 짧게 통화를 하고 나니 유년의 기억이 비 맞은 풀잎처럼 되살아난다. 통화가 끝나고 주소록 저장 버튼을 꾹 누르자 중년이 된 순조 누나의 웃는 얼굴이 나타난다.

우듬지

끝이 보이지 않는다. 늘어진 가지가 꼭대기를 가린다. 한참 동안 산길을 올랐지만 나무의 밑동만 보인다. 뿌리의 기운이 새순을 밀어 올리고 둥치를 통해 수많은 나무초리를 사방으로 키운다. 우두머리 같은 끝부분을 보려 애써보지만 가지에 가려 볼 수가 없다. 정상에 올라야 보여 줄 것 같아 걸음을 재촉한다.

어느 해 봄, 칠순을 훌쩍 넘긴 할머니가 속리산 문장대에 간다고 했다. 기력이 떨어져 종일 방에 앉아 염주만 세던 분이었다. 직각에 가까울 정도로 허리가 굽어 제대로 걷지도 못하면서 높은 산에 간다니 믿어지지 않았다. 등산하는 사람이 많지 않아 산에는 제대로 된 길도 없을 때라 더 그랬다.

큰 결심이었다. 왜 그렇게 과감한 도전을 하게 되었을까. 단순히 산이 좋아서 가거나 답답한 일상에서 한 번쯤 탈피하고 싶어서 간 것은 아니었다. 라디오도 텔레비전도 없는 방에서 오직 염주에 의지하며 시간을 보내는 것이 지겨운 건 더욱 아니었다. 더 나이 들기 전에 조금이라도 움직일 수 있을 때 가슴 속 응어리를 풀려는 것 같았다. 세상이 내려다보이는 높은 곳에서 훨훨 날려 보내고 놓아버리려고 떠났던 것은 아니었을까 싶다. 높은 산을 오른 경험이 없던 나는 속리산이 높은지 낮은지도 몰랐고 길이 험한지 어떤지도 몰랐다. 그저 구경 잘 하고 무사히 돌아오기만을 바랐다.

불심이 깊었다. 그렇다고 드러내 놓고 불자라는 말도 하지 않았다. 방안 어디에도 경전이나 탱화나 불상도 없었다. 기껏해야 필사본 〈회심곡〉이 농 위에 얹혀 있을 정도였다. 날마다 염주를 굴리지만 제대로 외울 줄 아는 염불도 없는 것 같았다. 반쯤 눈을 감은 채 조용하게 염주 굴리는 것이 다였다. 어쩌다 인기척이라도 들리면 얼른 창호지 가운데 붙은 유리를 통해 밖을 내다보았다. 골목을 지나가는 아이들 소리라도 없으면 산사처럼 조용했다.

어린 나는 할머니에게 물었다. 부처님도 없는데 매일 이렇게 염주만 굴리면 뭐 하냐고. 할머니는 부처가 절에도 있지만 마음속에도 있다고 했다. 못 믿겠다고 하면 가장 굵은 염주의 구멍 속을 들여다보라고 했다. 자세히 보면 그곳에는 알 수 없는 부처 그림이 들어 있었다. 염불을 외울 때마다 염주의 구슬을 하나씩 넘기면 마음의 번뇌와 업보가 사라져 안락함을 얻는다고 믿고 있었다.

오늘은 내가 그 산길을 오르고 있다. 악산이 아니라는 말에 쉽게 따라나섰다. 어쩌면 할머니가 간 길을 언젠가 꼭 한 번 가보고 싶었기에 그랬는지도 모른다. 얼마 전 그보다 더 높은 산을 오른 지라 약간의 자신감도 있었다. 한 번 좋은 풍광을 체험하고 나니 자꾸 눈앞에 아른거렸다. 가을이 다 가기 전에 산중의 단풍을 제대로 즐겨보고 싶어 무조건 따라나섰다.

산속은 계곡도 바위도 울긋불긋했다. 단풍잎을 거친 가을 햇살은 노랗고 붉은빛이 되어 무엇이든 화려하게 물들이고 있었다. 뜨거운 햇볕을 받던 이파리가 군복 같은 푸른색에서 벗어나 한껏 멋을 부리고 있었다. 거울 속 자신의 모습에 놀란 여인의 짙은 화장 같았다. 며칠 후면 낙엽이 될지도 모르는 나뭇잎은 모든 것을 다 보여주고 있었다.

숲으로 들어서자 하늘이 보이지 않는다. 계곡물을 내려다보며 천천히 걷는 산책로 같은 길은 얼마 가지 않아 끝났다. 산중턱에 들어서기도 전에 큰 바위가 나타나더니 급한 경사가 앞을 가로막는다. 명산의 비경을 쉽게 보여주지 않겠다는 듯이 앞을 막아선다. 천 고지가 넘는 산의 자존심 같은 것이 아닐까 싶었다.

산중턱까지 가을이 내려와 있었다. 바람이 불자 깃털처럼 나뭇잎이 떨어진다. 이미 떨어진 낙엽들은 바람이 불 때마다 이리저리 굴러다닌다. 낙엽은 어디로 가는 것일까. 나뭇가지를 떠나자 물이든 바위틈이든 바람이 이끄는 곳이면 어디든 굴러간다. 길 위에 나뒹굴던 낙엽들이 하나둘 계곡을 채워 가면 찬바람에 몸을 떨던 나뭇가지도 봄을 준비할 것이다. 떨어진 가랑잎들이 산을 두껍게 덮는다.

처음부터 가랑잎은 아니었다. 찬바람을 견뎌내고 세상에 나와 푸르름을 자랑한 적도 있었다. 얇고 두꺼운 잎도 보드랍고 빳빳하던 잎도 누렇게 퇴색되어 고둥처럼 온몸을 움츠린다. 마지막 가는 길은 무엇이든 본래의 모습으로 돌아간다. 어떻게 살았든 마지막으로 가는 곳은 흙이다. 가랑잎도 사람도 때가 되면 그 길로 가야만 한다. 원해서 태어난 사람이 없듯이 가고 싶어 가는 사람이 몇이나 되겠는가. 길을 찾아가는 것이 아니라 그렇게 흘러갈 뿐이다. 낙엽이 가는 길도 마찬가지다.

등이 축축해져 온다. 험한 산길은 아니지만 시간이 가면서 땀이 찬다. 시키지 않아도 체온을 조절한답시고 그런 것 같다. 한 굽이 한 굽이 돌 때마다 점점 숨도 가빠진다. 돌계단도 많아지고 길도 미끄럽다. 올라갈수록 물 대신 낙엽이 계곡을 가득 채우고 있다.

큰 바위가 앞을 막아서면 쉬라는 말인 줄 알고 그때마다 바위를 쳐다보며 잠시 숨을 고른다.

할머니는 어떻게 올라갔을까. 한복 치마저고리에 흰 고무신을 신고 미끄럽고 험한 이 길을 어떻게 걸었을까. 할머니의 흑백 인증 사진이 없었다면 믿을 수 없을 정도로 만만찮은 길이다. 얼굴이 땅에 닿을 만큼 굽은 몸을 지팡이에 의지하고 한 걸음씩 올라갔을 할머니의 모습을 생각하니 가슴이 답답하다.

무엇이 할머니를 그 힘든 길을 오르게 했을까. 평생 가슴속에 보듬고 있던 막내딸을 떠나보내려 했던 것이었을까. 아니면 내가 알지 못하는 가슴속 응어리가 더 있었는지는 생각할수록 머리가 복잡해진다. 진달래 꽃다발을 한 손에 들고 나무 지팡이를 짚고 선 할머니, 개미허리처럼 졸라 맨 허리끈이 야속해 보일 정도로 야윈 할머니는 사진 속에서 웃고 있었다.

부모는 자식을 가슴에 묻는다. 어쩌다 가슴에 묻어둔 자식이 꿈틀거리면 말할 수 없는 아픔을 견뎌내야 한다. 사연이 많을수록 가슴앓이를 심하게 한다. 날마다 달래고 잠재우려 해보지만 떠나지도 떠나보내지도 못한다. 세월이 갈수록 더 깊숙이 자리 잡는 것 같다.

주체할 수 없는 날숨만 끝없이 내뱉으며 오체투지하듯 발끝만 보고 문장대文藏臺를 찾아갔다. 문장대는 구름 속에 있었다. 구름이 정상의 바위를 완전히 덮고 있었다. 바람을 타고 몰려오는 는개가 자욱한 안개를 밀어내자 우듬지가 모습을 드러낸다. 튼실한 뿌리와 둥치가 없으면 어찌 이렇게 높은 곳까지 가지를 뻗었겠나 싶다. 겨울이 아무리 추워도 봄이 오면 새순은 또 하늘을 향해 뻗어갈 것이다.

흑백 사진

미동도 하지 않는다. 시선이 한곳으로 모여 있다. 양복과 한복 차림의 자손들이 병풍처럼 좌우로 늘어서 있어 조금의 여백도 보이지 않는다. 주인공은 망건이 어슴푸레 보이는 검은 갓을 쓰고 가운데 앉아 있다. 반세기도 훨씬 더 지난 할아버지의 회갑 사진이다.

회갑연은 자식들이 준비한다. 큰 독에 술을 담그고 각종 음식을 장만한다. 무리해서라도 소나 돼지를 잡는다. 부모의 위신을 세워주고 효심을 나타내는 잔치라 성대하게 치르려고 애를 쓴다. 먹고 살기 힘든 시절에는 쉬운 일이 아니었다. 그냥 넘기자니 체면이 말이 아니고 열자니 자식들에게 짐을 지우는 것 같아 마음이 편치 않았다. 수명이 길지 않던 시절에는 회갑연이 큰 잔치였다.

사진을 천천히 훑어본다. 모르는 사람은 아무도 없다. 다섯 살이던 나도 반쯤 서 있는 작은형님 옆에 누님과 나란히 앉아 있다. 막내는 태어나기 전이라 없지만 이순을 바라보는 동생은 기저귀를 차고 어머니 품에 안겨 있다. 할아버지 양쪽에는 한복을 곱게 입은 할머니와 왕고모 할머니가 자리를 지키고 뒤에는 직계 자손들이 길게 서 있다. 부엌에서 방금 나왔는지 검은 치마에 흰 저고리의 며느리들은 아기를 안고 있다.

흑백 사진의 매력은 독특하다. 복잡한 색상에 묻혀버린 사물의 실제 모습이 선명하게 드러난다. 일상의 복잡한 색이 단순한 단색으로 정리되어 감상자가 이미지에 집중하게 한다. 절제된 흑백의 이미지는 사진을 감상하는 사람의 상상을 적극적으로 자극해 또 다른 사진 이야기를 만들어 낸다. 흑과 백의 대비와 선과 면으로만 표현된 흑백 사진은 표현의 깊이와 힘이 살아있다.

할아버지는 오누이로 자랐다. 증조할머니는 백일도 넘기지 못하고 아이들을 잃게 되자 영험이 있다는 절을 찾아갔다. 버선코가 닳도록 기도하고 얻은 아들이라 이름도 기원祈願이라 지었다. 금지옥엽 같은 아들이었지만 귀하게 자라지는 못했다. 천석꾼의 손자로 태어나 글공부만 하던 증조부가 황달로 일찍 돌아가시는 바람에 유년 시절이 순탄치 못했다. 증조할머니는 아버지의 얼굴도 모르는 아들을 데리고 몇 번이나 이사를 했다.

할아버지는 열여덟 살에 결혼했다. 한 살 아래인 동래정씨 규수를 아내로 맞았다. 몰락한 양반집이었지만 예의범절만은 소중하게 생각하는 집안이었다. 결혼하고 얼마 되지 않아 새 집을 지어 분가했다. 결혼하면서 글공부 대신 농사를 열심히 지은 덕에 전답은 점점 불어났다. 논과 밭을 사들일 때마다 아이들도 늘어났다. 누구나 부러워한다는 3남 2녀를 두었다. 동네에서 부자라는 소리도 들었다. 가을이면 수확한 벼를 가득 담은 나락뒤주가 마당을 가득 채울 정도였다.

장남인 아버지는 성품이 온화하고 공부도 잘했다. 월반을 거듭하면서 짧은 기간에 초등학교를 마치고 중학교를 채 마치기 전에 고등학교에 들어갔다. 당시 지방의 명문이었던 상업학교에 다니다 대학에 합격하여 서울로 유학을 갔다. 이때까지만 해도 거칠 것이 없었다. 공부 잘하는 아들과 일 잘하는 아들이 있어 논농사도 자식 농사도 부러울 것이 없었다.

드디어 할아버지의 회갑날이다. 아침부터 마당에는 볕가리개가 쳐지고 마을 사람들이 모여드니 잔칫집의 분위기가 무르익었다. 마당 구석에 준비한 가마솥에 국을 끓이고 솥에 쌀을 안치자 친척들은 떡시루와 단술 동이를 이고 들어왔다. 문중 어른들은 물론이고 멀리 있는 친척들도 점심때가 되기 전에 대문을 들어섰다. 친척 형님은 용케 알고 모여든 거지들에게 떡과 밥을 챙겨주었다. 두루마기에 갓 쓴 주빈들이 돌아가는 해거름이 되자 잔치 분위기도 시들해졌다.

그때였다. 큰 사진기가 마당에 자리를 잡았다. 검은 천을 뒤집어 쓰고 마그네슘 플래시를 터뜨리는 사진기였다. 몇 번 시험하더니 모두 모이라고 했다. 큰 상을 받은 할아버지를 중심으로 각자 자리를 잡았고 어린 손자들도 빈틈을 찾아 자신의 존재를 알렸다.

얼마 전 흑백 사진 한 장이 휴대전화기 화면에 나타났다. 동생이 고향 집에서 찾은 사진 한 장을 형제 카톡방에 올린 것이다. 눈에 익은 사진이다. 큰 밀짚모자에 삼베옷을 입고 환하게 웃는 아버지와 쪽 머리에 검은 치마 흰 저고리를 입은 어머니가 서 있다. 불혹 전후의 젊은 나이지만 지금 젊은이들처럼 다정한 자세가 아니라 잘 모르는 사람처럼 어설프게 서 있다. 미루나무가 병풍처럼 서 있는 고향 마을 앞 강변에서 찍은 사진이다.

강가에는 크고 작은 미루나무들이 많았다. 파란 하늘 뭉게구름이 내려와 나무 끝에 걸리면 햇살 받은 강물은 쉼 없이 반짝거리며 흘러갔다. 속살을 다 드러낸 청수는 언제나 뒷물에 떠밀려 바쁘게 내려갔다. 은어가 헤엄치는 맑은 강물 위에 반짝이는 윤슬은 눈이 부시도록 아름다웠다. 과수원을 지나온 달콤한 바람이 미루나무의 작은 잎을 스치고 지나가면 흰 구름도 따라갔다.

힘든 농사일이 대충 마무리되면 천렵을 했다. 한여름 내내 뙤약볕 아래 땀 흘리며 일한 농부들이 쉬는 날이었다. 남자들이 반두를 들고 물고기를 잡아 오면 여자들은 밥을 짓고 매운탕을 끓였다. 살 오른 미꾸라지나 퉁가리는 기력회복에 최고의 보양식이었다. 이웃들이 모여 술잔을 돌리고 춤추고 노래하다 보면 화해의 장이 되었다. 가난한 시절 천렵을 하다 찍은 부모님의 흑백 사진이다. 흑백 사진이 많지는 않다. 컬러 사진은 많지만 무채색 사진은 별로 없다. 사진기가 귀하던 유년 시절에는 사진 찍는 날이 집안 행사였다. 할아버지 회갑 때 찍은 흑백 사진도 얼마 후면 회갑을 맞는다. 사진 속 주인공들이 대부분 사라지고 없는 낡은 사진을 들여다보는 횟수가 점점 늘어난다. 그 또한 소용없는 줄 알면서도 든든한 울과 담이 그리울 때면 그때 그 모습으로 돌아간다. 컬러 사진이나 동영상보다 꿈속같이 어렴풋이 보이는 흑백 사진 속에서 헤매다 보면 마음이 가벼워진다.

어느새 나도 사진 속 할아버지의 나이가 되었다. 이제 겨우 아들 둘 끈만 붙인 상태다. 그래도 요즘 세상에 적령기 아들 둘을 결혼시켰으니 마음은 편하다. 언젠가는 내 손자도 이 사진을 빤히 들여다볼 날이 있지 않을까 기대해 본다. 빛바랜 흑백 사진 속 얼굴들이 환하게 웃는다. 나도 마주 웃는다.

물꼬

물꼬가 있다. 물이 드나드는 벼논의 수문이다. 물방개나 미꾸라지도 물길을 따라 무논을 들락거린다. 농약이나 비료 치는 날을 제외하면 시골집 사립문처럼 언제나 열려 있다. 그곳은 작고 좁은 통로지만 물과 생명이 자유롭게 왕래하는 소통의 창구이다.

벼는 물을 먹고 자라는 한해살이풀이다. 메벼든 찰벼든 물이 없으면 자라지도 열매를 맺지도 못한다. 논에 물 들어가는 것과 자식 입에 밥 들어가는 것을 비교하는 것도 그 때문이다. 작은 물꼬 하나가 넓은 논을 살리고 죽이기도 한다. 물꼬는 단순히 물이 들어오고 나가는 수문이 아니라 생명줄과도 같다.

물은 늘 낮은 곳을 찾아간다. 부족한 자식을 챙기는 부모와 같이 깊은 곳을 찾아든다. 언제나 변함없을 것 같던 물도 시간이 지나면 조금씩 약해지고 줄어든다. 그렇다고 영원히 사라진 것은 아니다. 잠시 구름이 되었다가 비가 되고 눈이 되어 다시 땅으로 내려온다. 물은 끊임없이 자신의 모습을 바꾸며 생명의 끈을 잡아주려 한다.

할아버지는 날마다 논에 나갔다. 못자리를 만드는 이른 봄부터 수확하는 늦가을까지 들에서 살다시피 했다. 손님이 찾아오거나 할머니와 다툰 날에도 칠흑같이 어두운 밤이나 천둥번개가 칠 때도 물꼬를 지켰다. 물 조절이 필요 없는 날에도 말없이 들로 나갔다. 식구들의 목숨줄과 같은 논농사가 우선이었다.

할아버지가 삽가래를 들고 집을 나서면 모두가 고개 숙여 인사를 했다. 어른이나 아이 할 것 없이 인사를 하고 지나갔다. 긴 삽가래 자루를 보고 인사하는지 할아버지에게 인사를 하는지 알 수가 없었다. 할아버지가 빈손으로 걸어간다면 그렇게 당당한 모습이었을까 싶었다. 논에 도착하면 진영을 나타내는 깃발처럼 물꼬 옆에다 꽂아두었다. 삽가래가 지키는 물꼬는 누구도 손대지 않았다. 눈에 보이지 않지만, 근처에서 지켜보고 있다는 증표이기 때문이었다.

벼는 주인의 발소리를 듣고 자란다는 말이 있다. 한창 벼가 자라는 여름에는 하루에도 몇 번씩 논에 나가 벼의 소리를 듣는다.

비료와 농약을 치고 피를 뽑다 보면 하루해가 언제 지나갔는지 모를 정도로 바쁜 날도 있다. 그런 날에도 물꼬는 수시로 확인한다. 아침에는 물꼬를 열고 저녁에는 반쯤 닫고 비료를 치는 날은 완전히 막는다. 물을 조절하는 것은 사람의 식사량을 조절하는 것과 같다. 물 욕심이 너무 많으면 벼가 웃자라 바람만 많이 불어도 바닥에 쓰러져 열매를 제대로 맺지 못한다. 작은 물길이 앞다투어 들어가는 물꼬에는 늘 삽가래가 있었다. 이상한 건 할아버지가 긴 담뱃대를 물고 논두렁에 앉아만 계셔도 물꼬는 저절로 조절되는 것 같았다.

해마다 가뭄이 연례행사처럼 찾아왔다. 천수답이 많던 시절에는 더 그랬다. 하늘만 바라보고 농사를 짓던 그 시절에는 벼 수확이 삶의 질을 바꿔놓았다. 물을 저장하는 댐도 저수지도 턱없이 부족하던 때였다. 어설프게 강을 막아 작은 보를 만들기도 했지만 역부족이었다. 가뭄은 여름에만 오는 것이 아니었다. 강물이 줄어 도랑이 바닥을 드러내면 수분이 빠져버린 논바닥은 거북등처럼 갈라졌다. 뜨거운 햇살이 점점 깊은 곳의 수분을 빨아올리면 벼는 붉게 타고 논은 돌처럼 단단해졌다.

가뭄은 천수답에서 시작되었다. 우리도 집 옆에 천수답 세 마지기가 있었다. 언덕 같은 야산자락이라 작은 저수지도 깊은 계곡도 없었다. 남의 논을 몇 번 거쳐야 물을 댈 수 있는 봉답이었다. 비가 많이 오면 논두렁이 터지고 가물면 제일 먼저 바닥을 드러냈다. 참을성 없는 논바닥은 물기가 마르자마자 쩍쩍 입을 벌렸다.

조금만 비가 늦게 와도 이곳저곳에서 고함소리가 났다. 새참을 같이 먹고 한집처럼 살던 이웃이었지만 논바닥이 갈라지면 아래위도 없이 쇳소리가 나도록 다퉜다. 물싸움은 인간이 지켜야 할 도리를 앗아갔고 가뭄이 길어지면 이성을 잃었다. 그 상처는 쉽게 아물지 않아 대물림을 할 때도 있었다. 하늘은 해마다 인간을 시험에 들게 했다.

천수답에서 시작된 긴 가뭄은 들로 번져갔다. 강바닥이 드러나면 넓은 들의 분위기도 험악해졌다. 동네 아이들이 미역을 감고 아래윗집 아저씨들이 함께 물고기를 잡는 시골 풍경은 사라졌다. 물꼬는 싸우는 소리가 끊이지 않는 전쟁터가 되었다. 급기야 남의 물꼬에 손을 대는 사람도 있었다. 밤이면 물꼬마다 특공작전이 전개되었다. 밑에서 물꼬를 지키고 있으면 위에서 물길을 막고 위에 올라가면 누군가가 아래 물꼬를 텄다. 입구에서 지키고 있으면 반대쪽 논두렁을 자르거나 뚫어서 물을 빼내 갔다. 평소 친하던 이웃들이 더했다. 때로는 육탄전이 벌어질 때도 있었다. 순간을 참지 못해 파출소를 오가는 일도 생겼다.

어느 날 물꼬를 보러 나갔던 할아버지가 흥분된 얼굴로 집에 오셨다. 바로 작은형님을 찾았다. 운동을 좋아하고 체격이 단단한 형님에게 물꼬를 좀 보고 오라고 했다. 불문율처럼 내려오는 관례에 따라 순서대로 물을 대다가 힘에 밀려났다고 했다. 아랫동네 젊은 사람은 오자마자 물꼬를 막고 자기 논으로 물길을 돌렸다고 했다. 어른들이 말렸지만 막무가내였다고 분해 하셨다. 작은형님은 할아버지의 말씀이 채 끝나기도 전에 논으로 향했다. 물꼬를 뺏은 사람은 형님의 말도 듣지 않았다. 힘이 좋은 형님은 그를 도랑 밖으로 밀어내고 계속 억지를 부리면 가만두지 않겠다고 으름장까지 놓았다. 그날 이후 한동안 작은형님이 물꼬를 보러 다녔다.

해마다 물싸움은 반복되었다. 기력이 약해진 할아버지는 어느 날 스스로 물꼬를 막았다. 물꼬가 없는 논은 논이 아니었다. 젊은 시절 자식들과 함께 일구었던 논을 밭으로 되돌려 놓은 것이었다. 따사로운 봄 햇살에 초록빛을 더해 가던 보리논에 드문드문 포도나무를 심었다. 마지막인 줄 아는지 그해 보리는 유난히 잘 자랐고 예년보다 소출도 많았다. 물꼬가 사라진 천수답이 과수원으로 변하자 할아버지는 그쪽으로 잘 가지 않았다. 온 식구가 과수원에서 살다시피 했지만 살림은 크게 변하지 않았다. 거친 돌밭을 논으로 일군 할아버지가 세상을 떠나자 과수원도 남의 손에 넘어갔다.

이제 그 논은 잡풀이 가득한 황무지로 돌아갔다. 지금은 아무도 농사를 짓지 않아 가을이면 새하얀 억새꽃만 바람에 흩날린다.

단막극처럼 펼쳐지던 물싸움의 주역도 배경도 다 사라진 그곳에 가면, 담뱃대를 물고 긴 삽가래를 든 할아버지가 보인다.

3부

향내 품은 툇마루

툇마루에 앉아 누각을 내려다본다. 햇살이 마당을 채우고 향내가 법당을 적신다. 처마 끝 풍경의 물고기가 산사의 정적을 깨지만 거치대에 매달려 졸고 있는 동종은 깨어날 줄 모른다. 잠시 짐을 내려놓고 등을 눕혀도 뭐라 할 사람도 없다. 철새나 산짐승이 찾아와도 기꺼이 자리를 내준다.

성황리 삼층석탑

선홍빛 찔레꽃이다. 가시 돋친 줄기에 꽃망울이 한껏 부풀었다. 한겨울 찬바람에 숨소리조차 낼 수 없었던 응어리가 꽃이 되어 들녘을 붉게 물들인다. 깊은 곳에서 부글거리다 지표를 뚫고 올라오는 용암처럼 때가 되면 빨간 꽃잎을 쏟아낸다. 그것은 가슴을 짓누르는 무거운 돌을 들어내는 일이다.

작은 동네는 고즈넉하기만 하다. 여느 시골 마을처럼 젊은 사람들이 일자리를 찾아 떠난 지 오래다. 흙집이 허물어진 마당에는 언제 사용했는지 알 수 없는 세간들이 어지럽게 흩어져 있다. 손질한 흔적이 보이지 않는 흙담이 무너진 지 오래되었다.

의령 성황리 삼층석탑은 온전한 곳이 별로 없다. 도굴을 당했는지 기단의 앞부분은 색다른 돌로 막았고 뒤는 스산하게 트여 있다. 지붕돌 세 개가 삼층석탑이라 말하지만 탑신의 몸돌은 두 개밖에 없고 상륜부의 보주도 보이지 않는다. 제법 큰 탑을 세울 것처럼 기단을 땅에다 묻었으나 정작 석탑은 조촐하다.

탑은 사찰의 무덤이다. 인도의 반원형 무덤이 중국을 거치면서 목탑과 전탑으로 전해졌지만 점차 석탑으로 변했다. 목탑이나 전탑은 화재나 천재지변으로 대부분 사라지고 남아 있는 것이 별로 없다. 석탑은 화재나 자연재해에 강하지만 수난을 겪기는 마찬가지였다. 경주 장항리 오층석탑은 도굴꾼에 의해 무참히 파괴되었고 불국사 석가탑은 전문가들이 보수하다 실수로 파손되기도 했다. 억불정책으로 상륜부는 일찌감치 사라졌고 반듯한 몸돌도 무덤의 축대나 상석이 되었는지 빈 곳이 많다.

석탑은 소박하다. 국운이 상승하던 통일신라의 감은사지 삼층석탑처럼 웅장하고 장대한 탑이 아니다. 무서운 사천왕상이나 근육질의 금강장사는 물론이고 흔한 연꽃 문양도 하나 없다. 기단이나 탑신을 둘러봐도 무명옷처럼 장식이나 꾸밈이 없어 밋밋하다. 작고 왜소한 탑이지만 모난 추녀나 하늘을 찌르는 상륜부가 없어 대하기가 오히려 편하다. 오랜 세월 풍상을 견디며 둥글게 마모된 모양이 정겹다고나 할까. 마른 이끼를 꽃 피운 석탑은 세월의 흐름을 처연히 받아들이고 있다.

골짜기는 고요하고 적적하다. 가끔 들리던 산비둘기 소리마저 멈춘 산비탈에는 초여름 햇살만 쌓여간다. 맑은 물이 흐르는 계곡도 없고 산세가 좋거나 수목이 우거진 경관도 아니다. 사방을 둘러봐도 제대로 된 길도 찾기 어렵다. 전봇대에 붙은 화살표를 보고도 길을 찾지 못해 겨우 도랑둑을 타고 들어갔다. 그 옛날에는 화려한 절터였는지 알 수 없지만 왜 이런 곳에 절을 짓고 탑을 세웠을까 싶다. 그 이유가 궁금해 사방을 둘러보지만 가파른 산등성이가 시야를 막는다.

유년 시절 어머니와 김을 매던 메밀밭은 척박했다. 강 건너 산기슭 그 밭에는 흙보다 돌이 더 많아 귀리나 메밀을 심었다. 잡초보다 생명력이 강한 귀리는 보리나 밀보다는 훨씬 잘 자랐지만 메밀은 그렇지 않았다. 풀을 뽑고 북을 돋아주어야 가냘픈 줄기가 마디 끝에 하얀 꽃을 피웠다. 씨앗이 까맣게 여무는 가을이 되면 메밀 줄기는 빨갛게 변하고 마디는 퉁퉁 부어 있었다.

메밀밭에는 언제나 산비둘기의 구슬픈 울음소리가 들렸다. 비둘기는 전생에 남의 슬픔을 대신해 울어주던 곡비哭婢였는지 자식 잃은 어머니의 마음을 헤아리고 있었다. 곡비의 울음은 어머니의 흐느낌을 불러오곤 했다. 알아들을 수 없는 넋두리가 이어지며 질긴 바랭이풀을 쥐어뜯었다. 푸른 산기슭으로 울려 퍼지는 처량한 울음은 꾹꾹 누르며 돌처럼 단단해진 가슴속 응어리를 토해내는 것 같았다. 눈물이 멈추고 넋두리가 잦아들면 사각거리는 호미 소리만 들렸다.

고향 밭둑에는 석탑 같은 감나무가 한 그루 있었다. 반쯤 썩은 굵은 밑둥치에는 다람쥐가 들락거리고 부러진 가지 위에는 까치가 둥지를 틀었다. 땅속 깊이 뿌리내린 아름드리 감나무는 봄이 오면 부러진 가지를 추스르며 연녹색 잎을 키워나갔다. 밑둥치에 난 구멍이 점점 커지자 하늘을 향하던 우듬지도 힘을 잃어갔다. 온갖 풍상을 겪은 감나무는 마음을 비우고 열반을 준비하는 노승처럼 자신의 주변을 정리하고 있었다. 감나무는 욕심을 부리지 않았다. 여름엔 밭일에 지친 사람에게 그늘을 주었고, 가을엔 다디단 홍시를 맛보게 했다. 거름도 하지 않고 가지를 잘라 주지 않아도 해마다 꽃을 피우고 열매를 맺었다. 언제부턴가 밭에 가면 석축 위에 외롭게 서 있는 감나무가 먼저 반겨주었다. 돌이 많은 그 밭도 예전에는 누군가의 집터였다고 했다.

망종을 앞둔 유월의 햇살이 뜨겁다. 탑 주위는 풀을 베고 말끔하게 정리를 한 것 같다. 흙보다 돌이 많은 빈 절터에는 머위가 곳곳에 자라고 있다. 옛날 스님들이 이곳에서 머위를 가꾸던 밭이었다고 말해주는 듯하다. 척박한 자갈밭에도 봄기운이 닿으니 잎을 내미는 머위가 지천으로 널려 있다. 뿌리가 튼실하고 번식

력이 강한 머위는 내년에도 넓적한 이파리를 쑥쑥 내밀 것같이 무성하게 자란다.

폐사지는 왠지 처연하고 쓸쓸하다. 적막하고 황량한 탑골을 찾는 발길은 없다. 단 한 줄의 창건설화나 사라진 연유도 남아 있지 않은 절터에는 석탑만 남아 있다. 화려한 단청의 불당도 밤새워 불을 밝히던 석등도 사라지고 없다. 작은 석축이나 주춧돌의 흔적도 없는 잡초 속에 석탑만 홀로 서 있다. 그 흔한 기왓장 한 장도 남기지 않고 족보마저 챙겨 갔는지 어설픈 동네 이름을 달고 서 있다. 성황리 동네마저 사라지면 또 어떤 이름으로 불릴는지.

홀로 절터를 지키는 석탑이 애잔하다. 무너진 토담마저 칡넝쿨에 점령당한 빈 집터에는 굵은 감나무 둥치마저 검게 변해간다. 사람이 머물던 마을이 점차 사라져 가도 석탑은 무심한 듯 동네 어귀만 바라본다. 떠나면 돌아온다는 자연의 섭리를 믿는지 지친 기색을 보이지 않는다. 돌꽃이 장삼처럼 온몸을 덮어도 천년의 숨결을 지켜내는 감은사지의 장대한 석탑처럼 꼿꼿한 자세로 하늘을 찌른다. 해마다 유월이면 빨간 꽃을 피우는 찔레가 지켜보는 석탑 앞에는 작은 덤벙이 있다. 어쩌면 연당이었을지도 모를 웅덩이 속으로 놀란 개구리 한 마리가 뛰어든다. 지켜보던 붉은 찔레꽃이 활짝 웃는다.

자리다툼

자리다툼은 때와 장소를 가리지 않는다. 삶을 이어가다 보면 누구나 부대끼고 경쟁하면서 살아간다. 상대가 안 되는 줄 알면서도 물러설 수 없는 약자의 몸부림은 치열하기보다 애처로울 때가 많다. 절대 강자에게도 천적은 있고 약자에게도 먹잇감은 있다. 먹고 먹히는 관계가 마치 사슬처럼 연결되어 있는 먹이사슬의 생태계는 쉼 없이 물고 물리며 돌아간다.

동물은 무리 속에서 살아가는 방법을 배운다. 밀림의 왕이라는 사자도 치열한 경쟁에서 정해진 수장이라야 진정한 우두머리로 인정을 받는다. 아버지가 왕이면 능력도 없는 자식이 저절로 왕이 되는 인간들과는 다르다. 힘의 논리가 지배하는 동물은 영원한 우두머리가 없다. 시도 때도 없는 젊은 사자의 도전을 물리치지 못하면 설 자리를 잃고 만다. 설사 외로운 죽음을 맞이할지라도 머뭇거리거나 뒤돌아보지 않고 떠나야 한다. 무리가 있든 없든 피할 수 없는 자리싸움은 어디를 가나 기다리고 있다.

동물들은 안팎에서 다가오는 도전을 적절하게 이겨내야 한다. 개미나 벌과 같은 미물들도 자신들의 영역 지키기에 목숨을 건다. 대를 이어 한곳에 머물기는 어렵다. 살아남기 위해 늘 주위를 경계한다. 자만하거나 방심하면 순식간에 쫓겨나 타지를 방황하는 신세가 된다. 자리를 노리는 자를 쉽게 구별할 수 없는 무리의 수장은 내부의 도전을 경계하는 것도 중요하다.

식물의 자리다툼도 처절하다. 강자가 힘을 앞세우고 들어오면 소리 없이 자신의 자리를 내줘야 한다. 자신의 힘으로 버틸 수 있을지 없을지는 본능적으로 판단한다. 그렇다고 삶을 포기하지는 않는다. 자의든 타의든 고향을 떠나는 사람들처럼 살 수 있는 곳을 찾아 떠난다. 뿌리내린 자신이 떠날 수 없으면 씨앗이라도 바람과 물살에 태워 먼 곳으로 보낸다. 때로는 정착하지 못하고 대가 끊기기도 하지만 대부분 어떻게든 살아남는다. 목화씨처럼 하나라도 현지에 적응하면 그곳을 자신의 터전으로 만든다.

여기에도 무법자가 있다. 바로 덩굴 식물이다. 이들이 머리를 치켜들고 달려들면 웬만한 나무도 살아남기 어렵다. 마디마다 뿌리를 내리며 달려드는 칡넝쿨도 마찬가지다. 굵고 억센 등나무도 쉽게 집어삼킨다. 부둥켜안고 다부지게 씨름을 해보지만, 넓은 잎이 햇빛을 막아버리면 결국 항복하고 만다. 한삼덩굴도 칡에 버금간다. 강한 뿌리도 줄기도 없지만 하이에나처럼 지독하게 달려든다. 어떤 곳이든 줄기가 닿으면 휘감고 옥죄어 질식시킨다. 곳곳에 숨어 있는 톱날 같은 가시 때문에 잎이나 줄기를 함부로 만질 수도 없다.

수없이 많은 별도 자리가 있다. 멀리 있든 가까이 있든 나름대로 빛을 보낸다. 어디로 가는지 언제 도착할지도 모르면서 쉴 새 없이 자신만의 언어로 존재감을 나타낸다. 대답이나 회신을 바라는 것도 아니다. 작은 별은 은하수가 되고 큰 별은 독특한 모양을 밤하늘에 그린다. 해와 달에 가려 보이지 않을 때도 있지만 자리를 비우거나 다른 곳으로 간 것은 아니다. 망망대해 외로운 항해에 지친 뱃사람이나 끝을 알 수 없는 사막을 걷는 대상들의 길잡이가 된다. 누구에게나 공평하고 영원할 것 같은 별도 힘에 밀리면 제자리를 잃고 떨어진다.

논에서도 자리다툼은 있었다. 자신의 고유 영토라 주장하는 잡풀과 주인이라 여기는 벼가 그랬다. 해마다 잡풀을 솎아내지만 포기하지 않고 싹을 틔운다. 한해살이풀 중에는 피가 가장 강하게 대든다. 비슷하게 생겼지만 성질이 만만치 않아 다루기가 어렵다. 뿌리가 굵고 줄기도 강해 자라는 속도 또한 벼보다 늦지 않다. 다른 풀들과 달리 모판에서부터 따라와 끝까지 벼와 자리다툼을 한다.

모판에서 피를 솎아내는 일은 쉽지가 않다. 너무 비슷하기 때문에 눈썰미나 기억력이 좋아야 하고 순발력도 남달라야 한다. 잎의 뒷면에서 반사되는 빛의 정도를 보고 식별하는 방법뿐이라 글이나 말로는 표현이 어렵다. 때문에 바람이 불지 않는 날은 구별이 거의 불가능하다. 벼와 피를 구별하는 방법은 형님이 초등학교 때 가르쳐주었다.

한여름 무더위가 잦아들면 본색을 드러냈다. 벼보다 한발 앞서 이삭을 내밀어 꽃을 피우고 열매를 맺었다. 잘리거나 뽑히는 한이 있어도 포기하지 않았다. 가을만 되면 점령군처럼 논배미마다 승리의 깃발 같은 까만 이삭을 높이 흔들었다. 보자마자 낫으로 베지만 허사였다. 마치 건드리기를 기다렸다는 듯이 수수보다 야문 까만 씨를 논에다 떨궜다. 수많은 씨 중에 몇 개만 살아남아도 종족보존에는 아무 문제가 없기 때문이다.

인간은 더하다. 필요하면 서로 힘을 합쳐 문제를 해결하지만 끝나면 언제나 경쟁을 한다. 조금이라도 먼저 자리를 잡으면 텃세를 부리고 힘이 있다 생각하면 갑질을 서슴지 않는다. 어릴 때부터 그렇게 배웠다. 양보하고 배려하기보다는 남보다 앞서야 한다고 가르친다. 집에서도 학교에서도 사회에서도 등수를 매기고 서열을 정하는 것이 몸에 배어 있다. 더불어 사는 세상을 강조하는 사람들도 마찬가지다. 가난한 생활 속에서도 편안한 삶을 즐기기란 여간 힘든 일이 아니다. 주어진 현실을 무심하게 받아들이는 데는 자신을 다독일 시간이 필요하다. 비교하지 않고 분수에 맞는 행동을 한다는 것은 쉬운 일이 아니다.

동료가 경쟁자일 때가 많다. 평소에는 더없이 친하게 지내지만 자리를 놓고 보이지 않는 다툼을 해야 한다. 높고 귀한 자리일수록 물불 가리지 않고 집착하는 모습이 강하다. 분수도 모르고 위로만 올라가려는 칡넝쿨 같은 사람들도 많다. 조금이라도 친분이 있으면 최대한 이용하고 없는 관계도 만들려고 애를 쓴다. 위험한 전봇대를 타고 올라가는 넝쿨처럼 썩은 동아줄이라도 잡으면 목숨을 건다. 위만 쳐다보고 한없이 허공으로 올라가려고만 한다. 지금 자리가 꽃자리라는 것을 아는 게 참 어려운 모양이다.

내 자리는 어디일까. 아무리 생각해도 영원한 내 자리를 알 수가 없다. 떠도는 구름처럼 누구에게나 처음부터 정해진 자리가 없었던 것은 아니었을까 싶다. 겨울 하늘을 가득 채웠던 눈구름이 흩어져 사라진다.

향내 품은 툇마루

좁고 가파른 길이 산속을 파고든다. 어둠이 사라지자 치열하고 분주했던 숲속은 아무 일도 없었다는 듯이 조용하기만 하다. 촌부의 손등처럼 거친 껍질의 소나무들도 깊은 잠에 빠진 듯 서로 엉켜 있다. 산허리를 돌 때마다 마주치는 구불구불한 계곡길이 묵혀두었던 숲의 사연들을 토해낸다.

마지막 능선을 넘어서자 멀리 기와지붕 용마루가 나타난다. 산줄기가 감싸고 있는 양지바른 곳이라 온종일 햇살이 머무는 아늑한 지형이다. 큰 절이 있었던 넓은 빈터에는 기와집 몇 채만 흩어져 있고, 작은 연지에는 누렇게 말라버린 연꽃 줄기들이 화려했던 지난여름을 말하는 듯 얼음을 뚫고 솟아있다. 개목사開目寺를 제대로 찾아왔다.

원래는 흥국사였다. 통일신라 초기에 세워진 절이다. 의상대사가 신통한 묘술로 99일 동안 아흔아홉 칸의 거대한 절을 지었다고 하나 지금은 보물 242호로 지정된 원통전만 옛 모습을 지니고 있다. 개목사라는 이름에는 두 가지 전설이 있다. 절을 짓자 당시 안동 지역에 많았던 소경이 없어져 개목사로 바꾸었다는 설과 조선 초기 안동부사로 부임한 맹사성이 더 이상 소경이 생기지 않도록 이름을 바꿨다는 설이 있다.

일주문도 해탈문도 없다. 건물 배치도 형식을 건너뛴다. 엄숙한 대웅전이나 잡귀를 쫓는 사천왕상도 보이지 않는다. 그 흔한 석탑이나 석등도 하나 없다. 넓지 않은 마당 안에 맞배지붕의 아담한 원통전만 단아한 모습으로 앉아있다. 서원이나 제실처럼 낡은 툇마루가 친숙하고 편안함을 더해준다. 법당에는 옆문이 없다. 툇마루를 거쳐 앞문을 열고 들어간다. 마당에 들어서면 종일 방을 지키는 할머니의 살가운 목소리가 들릴 것만 같다. 안방 같은 법당의 온기가 마루로 전해진다.

툇마루에 앉았다. 좁고 낮은 법당 마루에 앉으니 바람이 멎는다. 절을 찾는 사람들은 여기서 무슨 생각을 했을까. 모두가 가져온 번민과 고뇌를 내려놓고 가려 했을 것이다. 햇살이 두터워지자 법당 앞 향나무에 앉아 있던 새들이 어디론가 날아간다. 향불이 영혼을 연결하는 사다리라면 새들은 불음을 전하는 전도사가 아닌가 싶다.

작은 향나무가 고개를 든다. 적멸보궁을 지키는 정암사의 향나무처럼 온몸을 비틀며 납작 엎드려 있다. 그마저 없었다면 빈 마당에 들어온 바람이 어디에 머물렀을지. 언제 꺼졌는지 알 수 없는 향로 하나가 목탁 소리도 염불 소리도 없는 조용한 경내에 놓여 있다. 조심스레 향을 피운다. 마당을 가득 채운 진한 향이 천천히 피어오른다. 향내가 작은 툇마루에 짙게 배어든다.

고향의 앞산 작은 절에도 향나무가 있었다. 말하지 않으면 모를 정도로 작은 절 마당에 향나무 하나가 하늘을 향하고 있었다. 한동안 어머니는 내 집처럼 그곳을 찾아갔다. 밭일을 하다가도 가슴이 미어지는 아픔이 다가오면 그곳으로 달려갔다. 타고 남은 재만 가득한 향로에 향불부터 붙였다. 향내가 법당을 가득 채울 때까지 절을 했다. 한동안 일어나지 않고 엎드려 있는 날에는 두 눈이 퉁퉁 부어 있었다. 보는 것만으로도 배가 부르다던 아들들의 혼백이라도 만난 것일까.

큰아들이 암이라는 소식에 어머니는 혼절했다. 모두가 쉬쉬했지만 결국 알게 되었다. 열일곱에 시집와 그 고된 시집살이도 아들을 보며 견뎌냈고 남편이 타지를 전전할 때도 장남이 있어

참아냈다. 어쩌면 남편보다도 더 의지하고 믿었던 큰아들이었다. 유명한 의사는 다 찾아가고 용하다는 점쟁이를 찾아가 시키는 대로 다 했다. 하지만 소용없었다. 늦가을 단풍이 만산을 물들일 때 아들은 긴 투병 생활을 마감하고 먼 곳으로 떠났다.

슬픔이 채 가시기도 전에 둘째 아들이 병상에 누웠다. 투병 생활에 힘들어하는 아들을 보러 갔지만 할 수 있는 것은 아무것도 없었다. 날마다 정화수를 떠 놓고 비손을 했다. 잘하는 병원이라면 어디든 찾아다녔지만 늘 아픈 손가락이었던 둘째마저 보내야 했다. 분주하던 집안이 적막에 싸였다. 한동안 두문불출하던 어머니는 어느 날부터 날이 밝기도 전에 밭에 나가 무엇이든 심고 가꾸었다. 때로는 끼니도 잊은 채 풀을 쥐어뜯었다. 누가 지나가며 말을 붙여도 밭고랑만 내려다보며 병마 같은 풀과 싸웠다.

툇마루에 앉아 누각을 내려다본다. 햇살이 마당을 채우고 향내가 법당을 적신다. 처마 끝 풍경의 물고기가 산사의 정적을 깨지만 거치대에 매달려 졸고 있는 동종은 깨어날 줄 모른다. 잠시 짐을 내려놓고 등을 눕혀도 뭐라 할 사람도 없다. 철새나 산짐승이 찾아와도 기꺼이 자리를 내준다. 어쩌면 마루가 삶의 무대인지도 모른다. 삶이 끝나면 무대를 내려오는 배우처럼 아버지도 형님들도 마루를 지나 다시 올 수 없는 먼 곳으로 떠났다.

운해가 걷히자 올망졸망한 산봉우리가 끝없이 펼쳐진다. 구름에 가려 보이지 않던 산들이 이제야 제 모습을 드러낸다. 본래 형체가 없었던 것이 아니라 보지 못했던 산이다. 눈을 뜨고도 제대로 보지 못하는 것이 많다.

간혹 바람 소리가 들리지만 성가시지 않다. 마루에 내려앉은 겨울 햇살이 살짝 손등을 간질인다. 얼마나 지났을까. 마당에 뒹구는 낙엽이 바람을 몰고 지나간다. 법당문을 열어둔 채 스님은 어디로 갔을까. 적막감이 감도는 텅 빈 툇마루에 알싸한 내음이 코끝을 스친다. 마음의 눈을 뜨라고 향내로 이른다.

간월산장

산장이 없다. 맑은 물이 흐르던 계곡도 보이지 않는다. 물길 따라 내려오던 황톳길이나 다랑이논 같은 작은 논배미들도 찾아볼 수가 없다. 예전 모습을 잃은 계곡에는 넓은 주차장과 큰 건물이 들어서 있고 음식점과 커피집만 가득하다.

흙 마당이었던 산장이 없다. 운동장과 식당 건물은 물론이고 밤새 술을 마셨던 막사도 보이지 않는다. 흙 범벅이 되도록 뒹굴었던 훈련장과 낯을 씻으며 물장난을 쳤던 계곡에는 큰 건물들이 들어서 있다. 20년 만에 다시 찾은 기억 속의 간월산장은 사라진 지 오래다.

계곡에서 온천물이 나왔다. 뜨거운 물이 나오자 아름드리나무들이 우거진 산비탈의 숲이 사라졌다. 고목을 베어낸 자리에 온천탕이 자리를 잡자 모텔과 주차장도 따라 들어왔다. 잘 정돈된 신도시처럼 현대식 건물과 도로가 생기자 인공 폭포도 들어섰고, 작괘천酌掛川도 석축을 쌓은 도시의 하천 공원처럼 변했다. 술잔 같은 바위 홈을 돌아 내려가던 신불산 맑은 물과 기억 속의 간월산장은 보이지 않았다.

간월산장으로 MT를 가고 싶다고 했다. 산장이 어떤 곳인지 잘 몰랐지만 신불산에 있다는 말에 허락했다. 나라가 외환위기를 맞아 비탄에 잠겨 있을 때라 자칫 손가락질의 대상이 될 수도 있어 조심스러울 때였다. 학생들의 철없는 행동이 문제를 일으킬 수도 있어 통제가 쉬운 산장을 택한 것이다. 일단 한 번 들어오면 쉽게 나갈 수 없고 돌아다닐 곳이 없을 뿐 아니라 아무리 떠들고 놀아도 마을과 떨어져 있어 문제될 것이 없었다. 그곳은 내 고향과 그리 멀지 않아 한 번 가 본 적이 있는 곳이었다.

중학교 3학년 때였다. 그해 봄 소풍은 차를 타고 울산 근교를 돌았다. 작천정酌川亭계곡에는 아름드리 벚나무들이 하얀 꽃을 바람에 날리고 있었다. 차에서 내리자마자 꽃잎이 눈처럼 흩날리는 꽃 터널 속으로 들어갔다. 성급한 나뭇잎이 솜털처럼 세상 구경을 나올 때라 노란 생강나무꽃은 이미 지고 있었다. 논에 물을 잡던 마을 사람들은 일손을 멈추고 까맣게 몰려오는 학생들을 바라보았다. 작은 정자가 있었다. 크지도 않고 그렇다고 아주 작은 정자도 아니었다. 한쪽 다리는 작괘천 바닥을 내려딛고 있었다. 술잔이 걸려 있는 것 같다는 이곳에는 많은 시인 묵객들이 시를 짓고 풍류를 즐기던 곳이었다. 증명이라도 하듯이 정자에는 현판과 시판이 병풍처럼 둘러쳐져 있었다. 선비였던 증조부가 여기를 출입했다는 할머니의 말이 생각나 혹시나 하면서 시판을 자세히 둘러봤다.

간월산장에 MT버스가 도착했다. 작천정을 지나 조금만 올라가면 바로 보이는 작은 산장이었다. 신불산 홍류폭포에서 내려오는 맑은 물가에 자리 잡고 있었다. 학생들은 짐을 풀자마자 운동장에 집합하더니 산장 뒤편에 설치된 유격장 같은 체력 단련 코스로 이동했다. 내심 걱정되어 뭐할 거냐고 물었더니 유격 훈련을 한다고 했다. 상비약도 차량도 없는 이곳에서 다치기라도 하면 예삿일이 아니었다. 그 무렵 다른 대학에서 큰 사고가 발생했다. 인솔 교수들이 방심한 틈을 타 일어난 대형 사고였다. 학생 간부를 보내 수시로 동태를 살폈다. 걱정했던 것과는 달리 유격 조교 경험이 있는 학생들이 잘 마무리지었다. 얼마나 뒹굴었는지 모두가 흙투성이가 되어 내려왔다.

식당에는 학생들이 없었다. 아침밥 준비가 끝났는데도 학생들이 보이지 않았다. 숙소 방문을 열자 술 냄새가 먼저 문을 밀고 나왔다. 방안은 깊은 잠에 빠져 있었다. 밤새 술을 마시고 놀다가 새벽에 잠이 든 것 같았다. 깨울 수도 없고 그렇다고 그냥 두고 볼 수도 없어 한참을 망설였다. 방안을 자세히 보니 소주와 맥주 상자가 천장에 닿을 듯이 쌓여 있었다. 저녁 순찰을 할 때 없었던 상자였다. 속았다는 생각이 들어 바로 학생회장이 있는 방으로 갔다. 자고 있는 모습을 한참 동안 내려 보다 그냥 넘어가는 게 좋겠다 싶어 조용히 방문을 닫았다.

학생회장은 나이가 좀 많았다. 학급 동기들보다 열 살 정도 많았고 아이도 둘이나 있는 가장이었다. 일찍 부모님을 여의고 어린 동생을 돌보느라 제대로 학교에 다녀본 적이 없는 소년가장이었다. 동생들이 성장해 취업을 할 때까지 기다렸다가 검정고시를 통해 대학에 들어오다 보니 그렇게 되었다. 후배들에게 뭔가 기억에 오래 남을 일을 만들어주려고 오래도록 고민한 끝에 이곳을 선택했고, 선후배 구분 없이 같이 뒹굴면서 재미난 추억을 만들어 준 것이다.

해가 중천에 떴을 때쯤에야 식당으로 몰려왔다. 퉁퉁 부은 얼굴이지만 표정만은 밝았다. 심하게 훈련을 시킨 선배 조교들이 배식을 담당했다. 아직 어린 티가 가시지 않은 후배들의 얼굴을 보면서 배식하는 모습이 진정한 형이고 선배 같았다. 쑥스러운 듯

쭈뼛거리는 후배들을 토닥거려주는 모습도 보였다. 지금은 찾아보기 힘든 광경이었다.

학생회장은 성적이 좋고 자격증도 많았지만 취업이 잘 되지 않았다. 면접까지 간 적도 있지만 최종 판정은 불합격이었다. 여러 번 추천서도 써주었으나 나이가 많다는 이유로 번번이 거절당했다. 가끔 불러 위로를 해주면 아무렇지도 않다는 듯이 오히려 나를 안심시켰다. 외환위기는 끝이 보이지 않고 노숙자만 늘어난다는 뉴스가 밤낮을 가리지 않고 등장할 때 졸업했다. 간월산장이라는 말만 떠올려도 애써 환하게 웃어 보이던 그의 얼굴이 먼저 떠오른다.

눈바람이 분다. 마른 폭포를 지나 신불산 정상을 향했다. 놀란 듯 떨고 있는 나무 사이로 빗금처럼 싸락눈이 지나간다. 쌓일 정도는 아니지만 차가운 바람과 함께 내려오는 서설은 겨울이 멀지 않았음을 알려준다. 산 정상은 이미 겨울을 맞이할 준비를 끝내고 있었다. 어느새 솜털보다 가벼운 씨앗을 다 날려 보낸 억새는 바람이 부는 대로 누런 물결이 되어 일렁인다. 칼바위에서 아래를 내려다보지만 그때 하룻밤 묵었던 간월산장은 보이지 않았다.

멀리 가지산에서 검은 구름이 몰려온다. 엊그제가 소설이라는 것을 알려 주기라도 하듯 세찬 눈바람이 발길을 재촉한다. 아무래도 눈이 제법 많이 내릴 모양이다.

가정 실습

현장 실습은 아르바이트와 다르다. 취업을 준비하는 학생들이 산업 현장에서 실무를 배우는 과정이다. 오랫동안 배웠던 지식이 어떻게 적용되고 있는지 체험을 통해 확인하는 과정이다. 세상과 마주치며 홀로서기를 준비하다 보면 적잖게 긴장한다.

실습생은 정확한 업무가 없다. 보조 역할에 정당한 대가마저 받지 못한다. 최저임금 수준으로 계산해주는 곳도 있지만 아예 한 푼도 주지 않는 회사도 있다. 오히려 병원 쪽은 돈을 내고 실습하는 곳이 대부분이다. 해마다 제자들의 실습을 챙기다 보면 힘들었던 농촌의 가정 실습이 생각난다.

바쁜 농사철이 다가오면 2박 3일 정도 농사일을 도왔다. 그때즈음이면 어른들은 가정 실습을 언제 하는지 날마다 물었다. 허수아비도 일을 돕는다는 농번기가 되면 아이들은 학교가 아닌 들로 나갔다. 어린아이들은 동생을 돌보거나 새참 심부름을 하지만 상급생은 논에서 일을 했다. 봄에는 보리 베기와 타작을 하고 모내기를 거쳐 가을에는 추수를 마치고 보리 가는 일을 했다.

모내기철은 전투였다. 밤낮이 따로 없다. 모내기와 겹치는 보리 수확기는 잠도 제대로 잘 수가 없었다. 제때 모내기를 하려면 보리부터 베야 한다. 장마가 일찍 찾아오면 수확을 앞둔 보리는 썩거나 싹이 나서 먹지 못한다. 그렇다고 덜 여문 보리를 미리 벨 수가 없으니 아무리 급해도 누렇게 익을 때까지 기다려야 한다. 늦봄의 따가운 햇볕이 없으면 보리는 여물지 않는다. 겨울을 이겨낸 보리가 봄기운을 받으면 짙은 초록 줄기가 힘차게 뻗어난다. 통통하게 살이 오른 긴 보리 수염은 왜 그렇게 까칠한지 어쩌다 옷에라도 붙으면 움직일 때마다 안으로 파고들었다.

논일을 마쳐야 모내기를 한다. 수확한 보리논을 갈아엎어 물을 잡고 개펄처럼 부드럽게 써레질을 하는 논일은 기계가 없던 시절이라 모두 소의 몫이었다. 논일을 제때 마치지 못하면 수십 명의 모내기 일꾼이 그냥 논두렁에 물러앉아 기다린다. 품앗이가 대부분이라 한 번 기회를 놓치면 언제 순번이 올지 예측조차 할 수 없다.

달빛에 울려 퍼지는 개구리의 합창을 들으며 무논을 다루는 것도 그 때문이다. 당시의 농부라면 누구나 목숨줄 같은 농사일을 힘든 줄도 모르고 해냈다. 그러니 농부의 아들들도 대를 이어 농사짓는 방법을 배워야 했다.

가을에도 그랬다. 벼를 베고 단을 묶어야 타작을 한다. 발로 밟는 탈곡기는 회전속도가 떨어지면 탈곡이 되지 않는다. 잘못하면 볏단에 딸려 들어갈 수 있어 다리만 들이밀어 회전속도가 떨어지지 않도록 밟는 것을 도왔다. 탈곡기가 멈추지 않도록 끊임없이 볏단을 앗아 주고 짚단은 치웠다. 돌아가던 탈곡기가 한 번 멈추면 다시 돌리는 데는 큰 힘이 들기 때문이다. 새벽부터 시작된 타작은 어두워도 계속되었다. 마당 가득한 볏가리가 없어져야 저녁을 먹었다. 타작하는 날은 흰쌀밥에 겉절이 배추김치와 생선 반찬이 나왔다.

일하지 않는 친구들도 있었다. 일할 논이 없거나 머슴이 많은 집이었다. 부모님을 따라 논에 나갈 때마다 공놀이를 하거나 책을 보는 친구들이 부러웠다. 어린 나이라 적응 안 된 낫질을 하다 손가락을 베는 일은 다반사였고 때로는 다리에 상처를 입을 때도 있었다. 무턱대고 병원에 갈 수 있는 것도 아니었다. 송진 가루나 갑오징어 뼛가루로 지혈을 시키고 하던 일을 계속했다.

나는 초등학교 3학년 때부터 작은형님을 따라다니며 논일을 배웠다. 어쩔 수가 없었다. 큰형님은 이미 취업을 준비하느라 도시로 나갔고 아버지는 언제나 집에 없었다. 그림자처럼 형님을 따라다니며 농사일을 배웠지만 힘든 쟁기질이나 볏가리 쌓는 일은 하지 않았다. 언제나 할아버지가 일머리를 틀어주면 그대로 따라 했다. 누구도 반론을 제기할 수 없는 법과 같았다.

나는 가정 실습이 싫었다. 농사일을 돕는 것은 괜찮지만 머슴처럼 날마다 일하는 것은 싫었다. 허리 한 번 제대로 펼 수 없는 벼베기나 물에 들어가면 몇 시간 동안 방아머리처럼 구부렸다 펴기를 반복하는 모내기는 더 싫었다. 서른 마지기 가까운 적지 않는 농사를 작은형님과 다 해야 한다는 생각만 해도 걱정이 앞섰다. 할아버지가 지시를 했지만 짜증은 어머니한테 부렸다. 그래 봐야 변할 게 없는 줄 알면서도 늘 투덜거렸다.

고향을 뜨면 끝날 줄 알았다. 하지만 그것은 희망 사항이었다. 도시로 나왔지만 주말마다 농사일을 하러 갔다. 평소에는 각자 직장에서 일을 하다가도 주말만 되면 형제들은 고향 집에서 만났다. 그럴 때마다 어머니는 가마솥이 넘치도록 추어탕을 끓이셨다. 아버지는 쌀을 찧고 밭에서 직접 키운 채소도 담아 두었다. 그때는 아무리 힘들어도 주말만 되면 연어처럼 고향을 향했다.

이제는 농사일이 하고 싶어도 할 수가 없다. 흩어져 있는 논밭이나 헛간의 농기구는 그대로지만 농사를 지을 수가 없다. 일머리를 틀어주던 할아버지와 자식을 기다리던 아버지도 없고 같은 차로 오가던 형님들도 농사가 없는 세상으로 가신 지 오래다. 어떤 짜증도 다 받아주던 어머니가 없는 고향 집에는 빈집을 지키는 늙은 홰나무만 겨우 숨을 내쉬고 있다.

가정 실습은 학교에서 배운 내용을 집에서 실제로 응용하고 익히는 학습이었다. 학교에서 배운 새로운 지식을 삶의 현장에서 체험하는 것이라 했다. 농경시대에는 농사일이 주업이라 농번기를 통해 가족들과 직접 농사일을 배우도록 했지만 지금은 산업화 시대라 기업체에서 실무를 익힌다. 논에서 하던 실습을 산업체에서 하고 있다.

사람은 평생 배우며 살아간다. 태어나서 죽을 때까지 농사만 짓던 시대와는 다르다. 현대인들은 학교에서만 익히는 것이 아니라 어디든 찾아가서 원하는 것을 배운다. 먹고살기 위한 생계형 교육을 넘어 미뤄뒀던 하고픈 공부도 한다. 이론과 실무 경험으로 느지막이 새로운 삶을 꾸려가는 내 친구가 여럿 보인다. 목수 일이나 요리를 배우기도 하고 서예나 주역을 공부하는 친구도 있다.

나이가 들수록 가정 실습이 필요하다는 생각이 든다. 나 역시 세탁기나 밥솥을 들여다보지만 정작 할 줄 아는 게 없다. 얼마나 더 버틸 수 있을지 슬며시 걱정이 된다. 이런 나를 비웃기라도 하듯 밥솥의 증기가 더욱 세차게 뿜어져 나온다.

교적비校蹟碑

까만 돌 하나가 돌아서 있다. 자세히 보지 않으면 잘 보이지도 않을 만큼 작은 비석이다. 학교 흔적이 사라진 빈터를 지키는 검은 돌은 하염없이 산 아래를 내려다본다. 고사리 분교의 교적비校蹟碑가 억새밭 언저리 소나무 밑에 홀로 서 있다.

밀양 사자평에는 고사리 분교가 보이지 않았다. 누군가가 벌초하듯 억새를 베어내고 늘어진 나뭇가지를 정리한 흔적이 있는 그곳이 학교 자리라 한다. 네모반듯하게 정리된 빈터에는 억새 그루터기와 운동장 터만 조금 남아 있다. 돌밭으로 변해버린 빈터 한쪽에 엉성하게 자리 잡은 석축이 마른 이끼를 둘러쓰고 있다.

작은 돌멩이들이 서로 몸을 의지한 채 점점 좁아지는 분교 터를 지키고 있다.

석축은 확실한 사람의 흔적이다. 논과 밭을 만들거나 집터를 닦을 때도 돌로 축대부터 쌓는다. 오래된 유적지나 폐사지를 찾아가도 제일 먼저 눈에 띄고 가장 늦게까지 남아 있는 것이 석축이나 석물이다. 반쯤 무너진 축대마저 없었다면 교적비의 사실을 믿기 어려울 정도로 적막하고 황량하다. 석축도 영원하지는 않지만 그래도 오랫동안 사람을 불러 모은다. 억새 잎이 붉게 물든 사자평은 경계를 알 수가 없다. 팔백 고지가 넘는 높은 곳이라 그런지 활짝 핀 억새꽃이 떠날 준비를 한다. 하얗게 변해가는 꽃이삭에 모든 것을 다 내준 억센 줄기도 천천히 말라간다. 무더운 여름을 보내고 결실의 계절이 다가오면 마지막 곡기를 끊고 누렇게 변한다. 늦가을 햇살에 붉게 변한 잎마저 힘없이 처지면 꽃이삭은 솜사탕처럼 한껏 부풀어 사자평의 물결을 이룬다.

고사리 분교라는 이름이 정답다. 하필이면 고사리 분교라고 이름 지었을까. 한때 그곳은 고사리 천지였다고 한다. 이른 봄이면 억새를 태운 땅은 고사리밭이 되어 화전민들의 생활 밑천이 되었다. 움막 같은 분교의 선생님도 화전촌 사람처럼 농투성이가 되어 텃밭에 채소를 가꾸며 먹거리를 자급자족했다. 사자평 사람들은 사동 초등학교 사자평 분교라는 말 대신 고사리밭 부근에 학교가 있다고 고사리 분교라고 불렀다. 비록 삼십 년 동안 서른여섯 명의 졸업생을 배출한 작은 학교지만 문명의 혜택이 여기까지 닿았다는 것만 해도 대단하다는 생각이 든다.

그때는 베이비붐 세대들이 초등학교에 들어갈 시기였다. 도시나 농촌 할 것 없이 학교는 장터보다 시끄러웠고 교실 사정은 말이 아니었다. 스무 평도 채 되지 않는 작은 교실에 팔십 명 정도가 들어가도 교실이 모자랄 정도였다. 장난기 많은 아이들은 공부보다 놀기를 좋아했고 서열을 정하는 싸움은 곳곳에서 일어났다. 먼지가 가득한 교실이지만 아이들의 우렁찬 목소리가 창문을 넘었다. 가난한 나라 살림이라 아무리 교육 여건이 열악해도 학교를 지어 주거나 쉽게 늘려 줄 수는 없었다. 늘어나는 아이들을 감당할 수 없는 학교는 궁여지책으로 오전 오후반으로 수업을 했다.

발원지도 정확히 알 수 없는 평원 아래쪽에 층층폭포가 있다. 바위가 많아 악산으로도 불리는 능선에서 시작된 물줄기가 만든 폭포는 하늘에서 떨어지는 것 같았다. 골바람을 타고 흩날리는 물방울은 주위 나무를 푸르게 하고 등산객들의 땀을 식혀주기에 충분했다. 지금은 폭포를 잘 볼 수 있는 전망대도 있고 계곡을 가로지르는 다리도 생겼지만 예전에는 쉽게 오를 수 없는 바윗길이 이어져 있을 뿐이었다. 계곡을 거슬러 올라야 하는 험한 길은 모든 것을 비우게 한다. 비우지 않고는 오르지 못할 끝없는 계단을 오르다 보면 계곡물이 쉬어가는 소沼마다 길 잃은 낙엽들이 빙빙 돌고 있다.

사자평 억새밭에 작은 옹달샘이 있었다. 누가 만들었는지 알 수 없는 돌확 같은 둥근 통에 가득 고인 물속에는 파란 하늘이 들어와 있었다. 사람이 들어갈 수 없을 정도로 빼곡히 들어찬 억새 평원 어딘가에서 스며든 물이 물시계처럼 똑똑 떨어져 말라가는 땅을 적시고 있었다. 고사리 분교 자리와 멀지 않은 곳이라 한때는 선생님과 아이들이 그 물을 먹고 노래 부르며 공부하지 않았을까 싶다.

나는 면 소재지의 오래된 초등학교에 다녔다. 기름 먹인 나무 판자 벽 일본식 건물과 아름드리 느티나무와 플라타너스가 운동장을 지키는 학교에는 우물이 있었다. 누구나 물을 길어다 먹을 수 있는 두레박이 있는 우물은 깊지 않았다. 당번은 흑판을 닦고 창문을 여는 것보다 주전자에 물을 채워놓는 일이 더 중요했다. 물을 가득 채운 노란 양은 주전자를 비닐로 덮은 책상 위에 얹어 놓자마자 난장판이 되었다. 주위에 물을 흘리거나 쏟으면 닦아야 하고 주전자가 비었다 싶으면 길어다 놓았다.

어느 날 학교 건물이 뜯겨 나갔다. 비가 새고 마루가 점점 썩어 가자 건물을 뜯어냈다. 가끔 옹이가 빠지고 없는 구멍으로 연필이나 지우개를 빠뜨리면 찾을 수가 없을 정도로 바닥은 깊었다.

건물이 없어지자 아이들은 운동장의 큰 나무 밑에서 공부를 했다. 그것도 장소가 부족해 오전 오후반으로 나눠서 했다. 비가 오는 날은 제대로 공부를 할 수가 없었다.

다행히 우리 반은 산자락에 자리잡은 조그마한 교회에서 공부를 했다. 검은 커튼이 둘러쳐진 실내며 나무로 만든 첨탑에 달린 교회 종이 신기했다. 선생님은 절대 손대지 말라 했지만 날마다 누군가는 줄을 잡아당겨 종을 치고 커튼 뒤에도 들어가 십자가를 만졌다. 그곳에서도 당번은 먼 곳에 있는 우물에서 물을 길어 와야 했다. 사자평 옹달샘처럼 뚜껑이 없고 관리하는 사람도 없는 인적이 드문 곳이라 먼지나 낙엽이 들어간 물이지만 떠오기가 무섭게 먹고 쏟았다.

화려한 역사를 자랑하던 수백 년 도읍지도 흔적 없이 사라진 곳이 많다. 하물며 고사리 분교같이 작은 학교는 쉽게 생겨났다가 상상 속으로 사라진다. 아이들이 북적이던 마을도 사람이 떠나면 수풀이 우거지고 본래 모습으로 돌아간다. 고사리를 꺾고 화전火田을 일구고 싸리나무를 장에 내다 팔던 마을도 억새밭이 되었다. 고사리 분교 자리를 일러주는 교적비도 얼마나 더 버틸지 바람이 불자 파도처럼 억새꽃이 밀려간다.

다시는 인간들에게 자리를 내주지 않겠다는 듯 억새가 하얀 씨앗을 하늘 높이 날려 보낸다.

방심

방심은 마음을 다잡지 않고 놓아 버리는 것이다. 작은 방심이 되돌릴 수 없는 결과로 이어지기도 한다. 얼마 전 다시 기억하기도 싫은 황당한 경험을 했다. 원인을 알 수 없는 고장으로 자동차의 심장인 엔진을 두 번이나 교환했다.

자동차 속도가 갑자기 떨어졌다. 심한 오르막도 아닌데 헛기침을 했다. 왜 이러지 싶어 가속 페달을 더 밟아보지만 소용이 없다. 뭐가 불만인지 알 수가 없다. 조금 전까지만 해도 고속도로에서 잘 달리다가 갑자기 이러니 꾀병을 부리는 것 같았다. 새벽 산에는 아직도 골짜기마다 어둠이 남아 있다. 한적한 길로 접어들자마자 창문부터 내렸다. 갑자기 사이드미러에 하얀 연기가 나타나기 시작했다. 수증기겠지 하면서도 일단 차를 세우고 머플러에서 나오는 배기가스를 살펴봤다. 하얀 연기가 까만 아스팔트 위에서 나풀댔다. 직감적으로 엔진 오일의 연소라는 생각이 들었지만 그날은 그렇게 지나갔다.

자동차 계기판에 이상 신호가 한 번씩 떴다. 전조현상이 다 그렇듯이 알 수 없는 신호는 잠시 나타났다가 바로 사라졌다. 처음에는 신경 쓰였지만 별 탈 없겠지 하면서 차를 몰고 다녔다. 차는 계속해서 불편함을 하소연하지만 대수롭지 않게 생각하고 무시했다. 더 이상 견딜 수 없었는지 결국 배기가스의 색이 순백으로 변했다.

학교 정비공장에 차를 몰고 갔다. 응급실 청진기 같은 검사기기로 진찰을 해보더니 별 이상이 없다고 한다. 정확한 진단을 위해 최신장비로 전자회로를 점검하고 구석구석 확인했지만 이상 없다는 메시지만 뜬다. 정비 전문교수가 점검하더니 엔진 오일 색이 좀 진하고 점도가 높다고 한다. 다른 부분은 아무 이상이 없는데 피가 탁하고 부족하다는 말로 들린다. 확인해보니 거무스름하고 약간 진득진득한 콜타르 느낌이 난다. 더 지체했으면 동맥경화로 엔진이 다 망가질 뻔했다는 생각이 든다. 윤활유를 새것으로 교환하니 시동 소리가 훨씬 부드럽다.

엔진 오일을 교체하고 고속도로에서 속력을 내 본다. 엔진

소리도 좋고 배기가스의 색상도 별문제가 없다. 한참을 달려도 정상적으로 연소가 잘되는 것 같아 안도의 한숨을 쉰다. 더 늦기 전에 교환한 것이 천만다행이라는 생각이 든다. 사전에 점검하고 정비한 것이 천만다행이라며 옆자리 아내에게 너스레를 떤다. 이렇게 마무리되는 줄 알았다.

일을 마치고 가벼운 마음으로 시동을 걸었다. 시동은 힘차게 걸리는데 아침에 보이지 않던 흰 연기가 조금 보인다. 아무것도 없는 산골이라 불안한 생각부터 든다. 한 번 놀란 적이 있어 더 그렇다. 직영 정비공장 담당자에게 바로 전화를 걸어 자초지종을 설명하니 별문제 없을 거라고 한다. 어째 믿음이 가지 않았지만 대책이 없어 운전대를 잡았다. 고속도로에서는 잘 보이지 않던 흰 연기가 시내 주행에서 심하게 나타난다. 정상적인 운행을 할 수가 없다. 어쩌면 큰 사고가 날지도 모르겠다는 생각이 들었다. 좌불안석이다.

일단 학교 자동차 정비공장으로 갔다. 정비 경험이 많은 교수는 검사대에 차를 올리고 첨단장비를 사용해 점검하더니 아무것도 잡히지 않는다고 지난번과 똑같은 말만 되풀이한다. 아무래도 이상해 다시 시동을 걸고 가속페달을 밟았다. 그때 공장 안이 하얀 연기로 가득 찰 정도로 갑자기 연기가 뿜어져 나왔다. 담당 의사는 이상 없다는데 계속해서 구토하는 것과 같았다. 엔진 오일의 연소는 확실하지만 왜 그런지는 알 수 없다는 말에 뭔가 심상치 않다는 생각이 들자 점점 표정이 굳어졌다. 많이 탄 차도 아닌데 이런 문제가 생기니 황당한 생각이 든다. 곰곰이 생각해 보지만 답이 없다. 엔진에 이상이 생겨도 무상 교환이 가능하다는 위로의 말도 잘 들리지 않았다. 엔진 오일을 제때 교환하지 않아 그렇게 됐을지도 모른다는 생각이 들자 화가 치밀어 오른다.

직영 정비공장으로 출발하자마자 흰 연기가 뿜어져 나온다. 옆 차의 손가락질을 애써 외면하며 태연한 척한다. 왕복 8차선 대로에 들어서면서 심각한 사태가 벌어진다. 근처 차들이 모두 피해 갈 정도로 흰 연기를 공장 굴뚝같이 뿜어댄다. 마치 한여름 골목길을 가득 채우던 방역차 소독 연기처럼 뒤차도 잘 보이지 않을 정도다. 옆 차 운전자가 다가와 차 문을 내리라고 손짓을 하고는 뒤를 가리키며 큰일 났다는 듯이 손가락질을 한다. 퇴근 시간이라 차들이 많아 대로에 차를 세울 수도 없다. 마음만 자꾸 급해졌다.

시청 앞을 통과하는데 순찰차가 따라오면서 정차하라고 한다. 연산 로터리를 몇 십 미터 앞두고 길가에 차를 세울 수밖에 없다. 뒤따라오는 차들이 난리다. 급한 마음에 차에서 내려 길가의 정비공장에 갔지만 손을 쓸 수가 없다고 한다. 그러면서 긴급출동 전화번호를 가르쳐 준다. 교통체증으로 한참 뒤에 온 긴급출동 기사는 잘 모르겠다는 말만 반복한다. 밀리는 차들로 도로가 아수라장이 되자 목을 내밀고 고함을 지르거나 손가락질을 하고 심지어 욕을 하는 사람도 있다. 다시 서비스센터에 전화를 건다. 주위가 너무 시끄러워 잘 들리지도 않고 조급함만 더해간다. 담당자는 온갖 인적사항을 다시 묻는다. 전화를 끊자마자 견인차가 도착한다. 그 차가 그렇게 반가울 수가 없다. 마치 수리를 다 한 것 같은 기분이 든다. 그 견인차는 바로 옆 가게에서 우리를 계속 지켜보았다고 한다.

근처에 있는 직영 정비소에 수리를 맡겨두고 나왔다. 가슴이 답답하다. 지금까지 기계와 인연을 맺고 산 지가 몇 해였던가. 기계장치의 관리는 급유에서 시작된다고 노래를 했는데 내가 그런 실수를 하다니. 한동안 자신에게 화가 났지만 누구에게도 말할 수가 없다. 보름이 지나서야 새 엔진으로 교환된 차를 찾아왔지만 진동이 심해 다시 한 달을 기다렸다.

그나마 운행 중에 사고가 나지 않았다는 말로 위안을 삼는다. 주위를 다시 한 번 돌아봐야겠다는 생각을 한다. 이번처럼 누군가가 나에게 급한 신호를 보내고 있는지 정녕 중요한 것을 놓치고 살지나 않는지 하나하나 짚어볼 생각이다.

가설극장

늦가을 밤공기가 쌀쌀하다. 무서리가 내리는 한밤에는 더 으스스하다. 하얀 천으로 둘러쳐진 공간을 빠져나온 관객들이 감동의 여운을 간직한 채 빠르게 흩어진다. 가끔 다니던 차가 끊어진 조용한 신작로에는 자박거리는 발소리만 가득하다. 고요한 밤길이 갑자기 빠른 걸음으로 돌아가는 사람들로 붐빈다.

조용한 동네에 이방인들이 나타났다. 대형 확성기를 단 낯선 지프차 한 대가 마을로 들어온다. 골목에서 놀던 아이들이 몰려들고 가을걷이하던 사람들도 하던 일을 멈추고 스피커에 귀를 기울인다. 천천히 다가오는 차에서 울려 퍼지는 목청 돋운 소리는 영화

홍보였다.

며칠 전 낯선 사람이 마을에 들어왔다. 둘둘 만 종이 뭉치를 옆구리에 끼고 풀 통과 풀비를 든 사람이 담벼락에 뭔가를 붙였다. 남루한 복장에 때 국물이 흐르는 꾀죄죄한 모습이었지만 동작은 민첩했다. 시멘트 담이나 대문을 가리지 않고 종이를 붙이고 쏜살같이 사라졌다. 흙담이나 돌담에 억지로 붙인 것은 풀이 마르기도 전에 떨어졌다. 열댓 살 정도의 아이들이 붙인 것은 영화 포스터였다.

포스터 앞에 동네 아이들이 모였다. 한자가 많아 다 읽을 수는 없지만 사진만 봐도 내용은 대충 짐작할 수 있었다. 잘생긴 주인공과 화려한 배경 옆에는 언제나 총천연색 시네마스코프라는 단어가 보였다. 한마디씩 툭툭 내뱉는 아이들의 말에는 영화를 보고 싶은 간절함이 묻어 있었다.

보이지 않는 물결이 거세게 일었다. 전기도 들어오지 않는 시골에 새로운 문화가 소개되는 시기였다. TV도 전축도 없는 농촌에 활동사진을 뛰어넘어 영화가 들어왔다는 소문은 삽시간에 퍼졌다. 라디오도 제대로 없던 시절이라 천연색 영화가 뭔지도 모르는 사람들이 많았다. 포스터의 잔상이 남아 있는 아이들은 저마다 영화 보러 갈 궁리를 했다. 들뜬 마음에 친구들과 약속은 했지만 걱정이 앞섰다. 어른들 몰래 나가는 것보다 입장료가 문제였다.

집안에만 있던 처녀들도 마찬가지였다. 겉으로는 무심한 듯했지만 든든한 동네 총각들과 이미 무언의 약속이 되어 있었다. 저녁을 먹자마자 아껴두었던 비누로 세수를 하고 로션을 바르고 단장을 했다. 총각들도 별반 다르지 않았다. 들에서 온종일 일하느라 힘들었을 텐데도 기분은 들떠 있었다. 무관심한 것처럼 저녁을 먹었지만 숟가락을 놓자마자 어디론가 사라지고 없었다. 젊은 남녀가 만날 기회가 별로 없던 터라 영화를 핑계로 자연스럽게 모였다.

영화는 피로를 씻어주는 청량제였다. 오늘도 가을걷이하느라 힘들었지만 모두가 환한 얼굴이었다. 날이 밝기가 무섭게 들에 나가야 하지만 누구도 내일을 걱정하지 않았다. 캄캄한 밤에 목도리며 스카프까지 하고 나온 처녀들은 동네 총각들을 따라 가설극장으로 갔다. 어른들은 못 가게 해도 소용없다는 것을 아는지 애써 모른 체했다.

가설극장은 임시로 만들어진 극장이다. 광목천이 시골 장터 한쪽에 둘러쳐 있고 의자도 없는 공간에는 낡은 영사기와 스크린만 서로 마주 본다. 발전기가 열심히 돌아가고 있지만 희미한 백열등은 꺼질 듯 켜지기를 반복한다. 고물 발전기는 꼭 한두 번 말썽을 부렸고 영사기도 필름도 오래된 것이라 맥이 끊어질 때가 많았다.

공짜 영화는 몇 번 본 적이 있었다. 밤낮없이 열심히 일하고 닭이나 돼지를 키우면 부자가 될 수 있다는 그런 내용이었다. 가설 극장의 영화는 달랐다. 최고의 감독과 배우들이 엮어가는 사랑 이야기가 시커먼 밤하늘 아래 한적한 동네를 들뜨게 했다. 이미 소설로 잘 알려진 이야기가 대부분이지만 배우들의 연기에 흠뻑 빠져들었다. 하늘에는 무수한 별이 빛나고 무서리가 내리는 만추가 깊어가는 줄도 모르고 화면만 뚫어지게 쳐다봤다. 한창 몰입하고 있을 때 화면이 멈추거나 영상이 사라지면 곳곳에서 휘파람을 불고 고함을 질러댔다.

처음 가설극장에 간 것은 초등학교 4학년 때였다. 일찍 저녁을 먹고 동생과 함께 어둠이 깔리는 초저녁 신작로를 날다시피 뛰어갔다. 숨을 헐떡이며 도착한 장터에는 백열전구가 군데군데 걸려 있고 발전기 돌아가는 소리가 요란했다. 입장료 십 원을 내고 시간에 맞춰 안으로 들어갔다. 화면이 잘 보이는 지점에 짚단을 깔고 자리를 잡았지만 정해진 상영 시간은 점점 뒤로 물러났다. 망루 위의 영사기를 수십 번 쳐다봤지만 쉽게 돌아가지 않았다.

그때였다. 치맛자락 같은 천막이 살짝 들리더니 아이 둘이 쏙 들어왔다. 옆 동네 친구들이었다. 밖에서 호시탐탐 기회를 엿보고 있다가 경비가 허술한 틈을 타서 들어온 것이었다. 기도를 보던 건장한 청년이 바로 따라 들어왔지만 내 옆에 앉은 친구는 시치

미를 뚝 떼고 스크린만 바라보고 있었다. 주위를 몇 바퀴 돌면서 찾으려 하더니 포기하고 나갔다.

그 후 한 해가 지나갔다. 마침내 극장다운 극장에 갔다. 가까운 도시에 있는 영화관이었다. 진짜 총천연색 시네마스코프 무협 영화였다. 가설극장에서 몇 번 본 영화와는 전혀 달랐다. 좌석이 없어 서서 봤지만 언제 끝났는지 모를 정도로 빠져들었다. 칼을 들고 하늘을 나는 배우들과 다양한 배경이 다른 생각을 할 수 없게 했다. 애꾸눈 주인공이 천신만고 끝에 부모의 원수를 갚은 이야기는 두고두고 친구들에게 우려먹었다.

배우의 역은 다양하다. 화려한 삶도 있지만 비참할 때도 있다. 작가가 정해준 시나리오에 맞는 배역을 얼마나 잘 소화하느냐가 핵심이다. 많은 연기자가 최선을 다해 연기하지만 관객들로부터 인정받기란 쉽지가 않다. 현실과 동떨어진 남의 삶을 실감나게 표현하기란 여간 어려운 일이 아니다.

연기는 영원하지 않다. 주연이든 조연이든 주어진 소임이 끝나면 은막에서 사라진다. 한 시대를 풍미하든 배우들도 때가 되면 떠났다. 많은 관객을 웃고 울렸던 유명 배우들도 시간이 지나면 나무껍질처럼 하나둘 떨어져 나갔다. 최고의 연기자라 존경받던 배우들도 하나의 장면이 되어 사라졌다.

사람은 모두가 영화 같은 삶을 산다. 배경도 배역도 변하지만 가설극장 같은 이야기는 끊임없이 펼쳐지고 사라진다. 흑백 영화가 천연색이 되고 가설극장이 멀티영화관으로 변해도 줄거리는 언제나 사랑과 의리에 살고 죽는다. 지금도 곳곳에서 단막극 같은 삶이 펼쳐지고 있다.

가끔은 별빛 쏟아지는 가설극장 영화를 되새김질하며 울고 웃는다.

4부

쇠꽃

무쇠 보습은 강철에 밀려났다. 가볍고 튼튼한 강철 삽은 수천 년 내려오던 보습의 자리를 단번에 차지했다. 무쇠에 비하면 강철의 역사는 짧지만 질기고 강한 성질로 자신의 영역을 만들었다. 제철소가 생기고 제강기술이 발달하면서 등장한 갖가지 삽들이 농사일에 큰 도움을 주었지만 그리 오래가지는 못했다.

숨비소리

이제야 큰 숨을 내쉰다. 어둠을 뚫고 산을 오르다 한숨을 돌린다. 엊저녁에 부산을 출발해 이른 새벽에 설악산을 넘었다. 한계령을 지나 오색 약수터 근처에 주차를 하고 나니 그제야 밤하늘의 별들이 보였다. 상강霜降을 며칠 앞둔 설악산의 한기가 옷깃을 여미게 했다. 해 뜰 때까지 기다릴 수 없어 바로 산행을 시작했다.

대청봉을 찾아 부나비처럼 이곳까지 왔다. 준비해온 헤드 랜턴을 머리에 쓰고 등산용 지팡이의 높이부터 조절했다. 등산로에 들어서자마자 울퉁불퉁한 자연석 돌계단의 검은 능선이 앞을 가로

막았다. 고개를 들어보지만 끝없는 돌계단만 보였다. 누군가 이 돌계단을 만들지 않았다면 올라갈 엄두도 낼 수 없는 급경사였다. 쇠등같이 좁은 능선에 이어지는 산길은 돌뿐이고 길옆은 캄캄한 절벽이었다. 미끄러지거나 헛발을 내디디면 바로 낭떠러지로 굴러떨어질 것 같았다. 겨우 한두 계단을 밝혀주는 불빛을 따라 천천히 올라갔다. 경사가 너무 심해 다른 생각은 할 틈도 없고 하늘도 제대로 올려다볼 수가 없었다. 계단을 올라갈수록 다리는 풀리고 숨은 턱밑까지 차올랐다.

한참을 오르다 보니 산과 하늘의 경계가 보인다. 붉은 기운이 산등성이를 타고 내려오자 큰 나무 하나가 앞을 막아선다. 굵고 잘생긴 아름드리 소나무다. 금방이라도 터질 것같이 팽팽하게 부풀어 있다. 추위와 바람을 투박한 껍질로 막아내는 노송과는 확연히 다르다. 혈기 왕성한 청년처럼 거추장스러운 껍질을 다 벗어버리고 붉은 몸을 드러내고 있다. 나무 위를 쳐다보지만 짙푸른 솔가지가 끝을 보여주지 않는다.

산세가 험한 곳이 아니었으면 벌써 궁궐의 기둥이 되었을 나무다. 근처에 큰 절이라도 지었으면 대들보가 되지 않았을까 싶다. 문외한이 봐도 잘생겼다는 말이 절로 나온다. 등 굽은 나무만 살아남는 세상에 이렇게 당당하게 자란 나무가 심산유곡에 자리 잡고 있었다니 제갈공명이라도 만난 기분이다. 가까이 가서 몇 마디 말이라도 나누고 싶고 만져보고도 싶지만 갈 수가 없다. 계단을 올라가면서 몇 번이고 뒤를 돌아본다.

참나무와 단풍나무 잎이 노랗고 붉게 물들어도 소나무는 늘 푸른색을 고집한다. 다른 나무들이 화려한 옷을 벗고 겨울잠을 준비해도 아랑곳하지 않는다. 활엽수의 넓은 잎사귀들이 떨어지고 나면 소나무의 푸른빛은 더 도드라진다. 솔잎은 전나무나 구상나무보다 가늘고 길지만 어떤 눈보라에도 기품을 잃지 않고 자태를 유지한다. 의관을 정제하고 꼿꼿하게 앉아있는 선비처럼 늘 같은 자리를 지키고 있다.

늙은 갈참나무가 그 옆에 묵묵히 서 있다. 두껍고 거친 껍질 속이 텅 비어 있다. 비탈진 돌산에서의 삶이 얼마나 힘들었으면 그 단단한 떡살 같은 속이 다 녹아내렸을까. 물과 자양분을 퍼 올리던 속살은 온데간데없고 부엌 아궁이처럼 까맣게 변해 있다. 어쩌다 이 지경이 되었는지 알 길이 없다. 이 나무라고 젊은 날이 없었겠는가. 하늘 끝까지 올라갈 듯 기세등등한 날도 있었을 것이다. 인기척에 놀랐는지 다람쥐 두 마리가 토끼 굴 같은 그곳에서 튀어나온다. 주위를 맴도는 것을 보니 그 안에 다람쥐 둥지가 있는 것 같다.

속을 비우는 것이 좋은 것인가. 그것이 얼마나 힘든지 나는 아직 모른다. 제대로 비워 본 적이 없기에 더 그렇다. 비어 있는 것[空]과 없는 것[無]도 구분할 줄 모르면서 그저 과욕에서 벗어나려고만 한다. "족한 줄 알면 즐거울 것이요, 탐욕에 힘쓰면 근심스러울 것이다."라는 말이 《명심보감》에 있다. 나는 언제쯤 무욕無慾을 즐기며 지족知足하며 살 수 있을지. 그 또한 욕심일까 싶어 쉽게 들먹일 수가 없다.

쓰러지고 넘어진 고사목이 계곡을 가득 채우고 있지만 속 빈 나무는 잘 보이지 않는다. 비바람에 시달리며 많은 가지를 건사하자니 더는 견딜 수 없었던 모양이다. 자세히 보면 아직 그렇게 가서는 안 되는 어린 나무들도 많다. 풍장 터 같은 이곳이 누군가에게는 안식처가 되기도 한다. 갈참나무도 이제 떠날 준비를 하는 것 같다. 가지와 이파리를 줄이고 둥치부터 비워나가는 것을 보면.

몇 계단을 오르자 뿌리째 쓰러진 고사목 하나가 길을 막는다. 무슨 하소연을 할 것 같아 잠시 기다렸지만 말이 없다. 차마 넘지 못하고 머리를 숙이고 밑으로 지나간다. 좋은 환경이었으면 얼마든지 몸피를 키웠을 나무 같다. 그 넓은 땅을 두고 하필이면 이런 벼랑에 태어나 뿌리를 드러내 놓고 끝내 쓰러져야만 했는지. 비바람이 들이치면 바위를 붙잡고 날밤을 새우고 가뭄이 짙어지면 실낱같은 뿌리가 심지처럼 물기를 빨아올렸을 것이다. 욕심을 내면 얼마나 낼 수 있었겠는가. 설악 폭포의 물소리를 들으며 수도승

같이 살았지만 세월의 무게를 감당할 수는 없었는지 땅을 베고 누워 있다.

한때는 철새도 텃새도 날아와 둥지를 틀고 다람쥐도 이 나무에 보금자리를 만들었다. 봄이면 벌 나비에게 꿀을 주고 가을에는 산짐승에게 도토리를 내주었다. 이런 열매가 없었다면 어떻게 산짐승들이 겨울을 날 수 있었겠는가. 태풍과 폭설에 가지가 부러져도 둥지를 지켜주고 속이 까맣게 타들어 가도 도토리를 만들었다. 가을만 되면 유서 같은 낙엽을 수없이 날려 보냈지만 누구도 고통을 알아주지 않았다.

점점 더 가파른 계단이 이어진다. 여차하면 발목을 삘 것 같은 돌계단을 벗어나면 급경사의 철 계단이 기다리고 있다. 금방이라도 정상이 보일 것 같지만 설악산은 쉽게 꼭대기를 보여주지 않는다. 한 계단씩 올라갈 때마다 발길은 점점 느려지고 숨소리는 거칠어진다.

가슴속 어딘가에 자리 잡고 있던 묵은 잡념이 숨비소리 같은 날숨을 따라 사라진다. 참을 수 없을 때까지 참았던 숨을 내쉴 때마다 속 빈 갈참나무처럼 욕심도 조금씩 빠져나가는 것 같다. 육신의 수분마저 다 빠져나간 백골의 나무는 지족을 즐기고 있는 것일까. 채우는 들숨보다는 내뱉는 날숨이 몸을 가볍게 한다. 정상이 가까워지자 마음도 점점 가벼워진다.

고사목 사이로 운해가 보인다. 계곡을 가득 채운 구름이 이곳 저곳을 넘실거린다. 튼실하던 갈참나무가 고사목이 되어 썩어가듯 운해도 해가 뜨면 사라지는 것을 아는 듯 욕심을 부리지 않는다. 물 한 모금을 마시고 신발 끈을 고쳐 맨다.

바랭이

거침없이 휩쓸고 지나갔다. 다시는 일어서지 못할 줄 알았다. 숨 쉴 틈도 주지 않고 들이닥친 물발을 견디지 못하고 쓰러졌다. 물기 많은 강변이라 여름 내내 가뭄 걱정 없이 잘 지내더니 결국 태풍에 사달이 났다. 가을을 준비하던 바랭이가 물살이 지나간 흔적대로 바닥에 누웠다.

낮은 곳을 향해 납작 엎드려 있다. 말하지 않아도 큰물이 지나간 방향과 세기를 짐작할 수 있을 정도다. 참빗으로 빗은 할머니의 단아한 머릿결같이 가지런하게 누워 있지만 군데군데 흙탕물의 흔적이 남아 있다. 누가 일으켜 세워주지 않으면 햇볕에 말라 죽을 것만 같다. 얼마나 호되게 당했는지 물이 빠지고 햇살이 두터워져도 일어날 생각조차 않는다.

며칠 지나자 초록빛이 서서히 살아난다. 는개 같은 밤이슬이 이파리에 묻은 흙먼지를 털어내자 슬며시 고개를 든다. 숨구멍마저 막아버린 누런 흙먼지를 밤새도록 씻어내자 질식한 듯 쓰러졌던 풀잎이 제빛을 찾아간다. 잃어버린 초록빛이 돌아오자 하루가 다르게 줄기도 생기를 되찾는다. 이슬이 아니면 누가 그 많은 바랭이풀을 이렇게 깨끗하게 목욕시켰겠나 싶다.

바랭이는 밭에서 자라는 흔한 잡초다. 줄기가 사방으로 기어 다니며 마디마다 뿌리를 내리고 곁가지와 줄기의 위쪽이 곧게 자란다. 여름이면 이삭 같은 꽃이 손금처럼 꽃차례로 달려 핀다. 양성화인 꽃이삭은 손가락처럼 갈라진 가지에 벼이삭같이 비스듬히 달린다. 햇살이 우산대 같은 줄기를 일으켜 세운다. 바랭이는 땅에 엎드려 있어도 억새처럼 허리가 부러진 것은 아니다. 태풍이 오기도 전에 땅에 엎드렸던 바랭이가 솔질한 소 등의 작은 털처럼 하나둘 부스스 일어선다. 거들먹거리며 햇볕을 막았던 망초는 아직도 죽은 듯이 누워 있고 억새도 줄기가 부러졌는지 전혀 일어날 기미가 보이지 않건만 바랭이는 몸을 추스른다.

바랭이는 억새나 갈대처럼 억센 잎이나 단단한 줄기도 없지만 가장 먼저 상처를 털고 일어선다. 슬며시 일어나 정신을 차리고 주위를 살펴보지만 아무도 없다. 이제는 마음껏 햇볕을 받으며 내 세상을 만들어보겠다는 듯이 마디를 더해간다. 바랭이는 아름다운 꽃이 없다. 여름 내내 꽃을 피우는 나팔꽃이나 늦가을 하얀 서리가 내릴 때까지 여린 몸매를 흔들며 벌 나비를 불러 모으는 코스모스 같은 꽃이 없다. 화려하고 아름다운 꽃을 피울 수는 없지만 전혀 피우지 않는 것은 아니다. 우산대같이 뻗은 줄기에 붙은 이삭에는 벼꽃같이 작은 꽃이 피지만 잘 보이지 않아 벌 나비가 찾지 않을 뿐이다. 아무도 관심을 주지 않지만 혼자서 씨를 만든다.

조심스럽게 뻗어 나간다. 줄기가 너무 가늘어 한 마디씩 나갈 때마다 땅속에 뿌리부터 박는다. 어찌나 뿌리가 튼튼하든지 소나 염소가 잎과 줄기를 뜯어 먹어도 보란 듯이 되살아난다. 위험하다 싶으면 꼬리를 자르고 도망가는 도마뱀처럼 풀을 잡기만 해도 줄기와 잎이 떨어져 나간다. 약한 척하지만 가냘픈 줄기로 겨우 연명하는 하찮은 풀이 아니다. 가을이 깊어가자 모든 것을 얻은 승자처럼 하늘을 향해 양팔부터 힘차게 벌린다.

바랭이풀을 보면 유년 시절이 생각난다. 돌이 많은 산기슭밭은 해마다 바랭이풀이 점령했다. 깨 모종을 심으려고 밭에 가면 머리를 풀어헤쳐 놓은 것처럼 뒤엉켜 있었다. 절대로 물러서지 않겠다는 듯이 서로 팔짱을 낀 데모대처럼 얽히고설켜 한 덩어리가 되어 있었다. 한 움큼 잡아당기면 줄기가 끊어져 잡은 만큼만 떨어져 나올 뿐 뿌리는 뽑히지 않았다. 얼마나 깊이 뿌리가 박혔는지 호미로는 감당이 안 돼 괭이로 파냈다.

생명력이 대단했다. 어지간한 가뭄에도 끄떡없이 살아남았다. 척박한 땅에서 단련된 메밀이 쓰러질 듯 비실거려도 바랭이는 전혀 흔들리지 않았다. 하루는 뽑은 풀을 뿌리가 땅에 닿지 않도록 풀 위에 쌓아두었다. 며칠 후 말라 죽었겠지 싶어 갔더니 비웃기라도 하듯이 줄기 몇 개가 생기를 되찾고 있었다. 이슬을 먹고 살아났는지 고개를 탁 치켜들고 눈치부터 살핀다. 뿌리만 땅에 닿으면 순식간에 사방으로 퍼져나갈 작정인지 새로운 영역을 만들 기세가 대단했다.

우리 동네에도 바랭이 같은 사람이 있었다. 다른 사람의 사정은 아랑곳하지 않고 모든 것을 다 가지려 했다. 자신의 영역을 넓혀 나가려고 발버둥쳤다. 다른 사람의 고통은 안중에도 없었다. 억척스럽게 끌어모으다 보니 살림은 제법 늘었지만 잃은 것도 많았다. 늦가을 바랭이처럼 겨우 흔적은 남겼지만 누구도 부러워하지는 않았다. 자손들은 그런 사연을 아는지 모르는지 자신들만의 세상을 만들어간다.

이방인들이 모여 사는 곳이 있다. 세계 어디를 가도 큰 도시에 자리 잡은 차이나타운이 대표적이다. 마치 중국의 어느 번화가에

온 것 같은 착각에 빠질 정도로 붉은색 천지다. 얼핏 보면 중국의 작은 도시를 통째로 옮겨놓은 것 같다. 그들이 언제 어떻게 그곳에 정착했는지 알 수 없지만 튼튼하게 뿌리를 내리고 자신들만의 세상을 만들고 있었다. 바랭이처럼 처음에는 어렵게 자리 잡았지만 점차 세를 불렸을 것 같다.

땅은 주인이 없다. 망초와 같이 근래에 들어온 외래종도 있지만 일찍부터 자리 잡고 터줏대감 행세를 하는 풀들도 많다. 모두가 땅의 주인이 되기 위해 애를 쓴다. 영원히 살 것도 아니면서 자신의 유전자를 남기기 위해 어떤 도전도 불사한다. 종족을 보존하고 대를 이어나가는 것이 그렇게 중요한지 세상 만물이 기를 쓰고 영역을 넓혀나간다. 겨울이 되기도 전에 시들 줄 알면서도 한사코 씨부터 만든다.

사람도 늘 자식부터 생각한다. 뜯기고 잘려도 뿌리 하나로 대를 잇는 바랭이와 다를 것이 없다. 말로는 자식 걱정 안 한다고 하면서도 손은 뭔가를 챙긴다. 가진 것이 없는 사람이나 많이 가지고 높은 자리에 있는 사람이나 자식을 생각하는 마음은 다를 바가 없다. 생명을 가진 모든 것은 예나 지금이나 변하지 않는 게 있다면 그것은 종족보존이다.

파란 가을 하늘에 수없이 많은 씨앗이 바람을 타고 어디론가 날아간다.

쇠꽃

검버섯이 온몸을 덮는다. 단단하고 매끈한 표면에 검붉은 반점이 번져나간다. 인고의 세월을 견뎌낸 육신에 따개비처럼 뿌리를 내린다. 밀물처럼 다가오는 현실에 맞서느라 반점 같은 붉은 꽃이 하나둘 피어나도 대수롭잖게 생각했다.

삽 하나가 오가는 사람을 물끄러미 바라본다. 자세히 보지 않으면 삽날인지 아닌지 알 수 없을 정도로 몸체가 망가졌다. 강하고 단단한 강철도 세월을 비껴갈 수 없었는지 산화된 빨간 점들이 악성종양처럼 삽날에 번져 있다. 삭은 부분은 작은 구멍이 뚫려 남은 형체마저도 서서히 무너져 간다. 날렵한 강철 삽날이 석돌처럼 푸석거릴 줄은 아무도 몰랐다. 동고동락했던 나무 자루가 사라지자 점점 구석으로 밀려난다.

삽은 당당했다. 할아버지 손에 들려 처음 집에 오던 날, 자루가 긴 살포도 함부로 권위를 내세울 수 없을 만큼 푸른 삽날과 말쑥한 나무 자루에서 윤이 났다. 반듯한 콧날과 예리한 날끝은 자신감이 넘쳤고, 딱 벌어진 손잡이는 어떤 일도 감당할 수 있을 만큼 튼실했다. 쟁기나 곡괭이가 꺼리는 자갈논이나 거친 황무지도 문제없다는 듯 힘차 보였다. 날마다 논밭에 나가면 어둠이 내리는 저녁에야 집으로 돌아왔다. 진흙을 파헤치고 도랑을 칠 때는 전사처럼 흙투성이가 되었지만 일이 끝나면 개울가에서 새신랑처럼 말쑥하게 단장하고 돌아왔다.

강철 삽날의 능력은 대단했다. 푸닥거리하듯 한바탕 휘젓고 지나가면 잡초가 무성한 황무지는 논이 되고, 칡뿌리가 그물처럼 얽힌 산비탈은 밭이 되었다. 돌이 나오면 곡괭이가 되고 등걸이 나오면 도끼날로 변했다. 논밭일을 하다가도 고샅길이나 신작로를 보수하고, 거름을 나르는 궂은일과 뜨거운 불 속에서 숯을 찾는 일도 마다하지 않았다. 농한기가 되면 쉴 수 있는 쟁기나 호미와 달리 사시절 호위무사처럼 주인을 따라다녔다.

힘들 때도 많았다. 언제나 강자였고 마냥 즐거웠던 것은 아니다. 무심코 땅속으로 들어가다 바윗돌을 만나면 깜짝 놀라 비명을 지르며 몸을 움츠렸다. 푸석한 석돌을 만나면 그나마 다행이지만, 청석이나 강돌이 버티고 있으면 어쩔 수 없이 온몸을 떨어야 했다. 때로는 자르지 말아야 할 나무뿌리를 자르고 감자나 고구마를 두 동강 낼 때도 있지만 물러설 줄을 몰랐다. 어떤 길이든 한 번 나서면 감당하기 힘든 일이라도 온 힘을 다해 버텼다.

할아버지의 삽은 자루가 길고 삽날이 손바닥만 한 살포였고, 형님은 손잡이가 뭉툭하고 삽날이 큰 삽을 사용했다. 내가 형님의 삽을 물려받았을 때는 예리하던 끝도 빛나던 삽날도 없었다. 그래도 눈을 맞추며 묵은 정이 들었던 헌 삽은 마치 오랜 친구처럼 든든했다. 새 삽처럼 의욕만 앞서거나 살포처럼 권위를 내세우지도 않고 무리하거나 욕심을 부리지도 않았다. 한창때의 모습은 없었지만 오래된 고주박이나 너덜겅이 나오면 허리를 숙이며 피해가고 물러설 줄 알았다. 날카로운 삽날도 견고한 자루도 없는 헌 삽은 늘 신중하고 유연하게 대처했다.

쇠 삽의 시초는 보습이 아닐까 싶다. 삼국시대 이전의 고분에서 발굴되는 보습이 우리 헛간에도 있었다. 보습은 따비나 극젱이의 술에 틀니처럼 끼워 사용했다. 말발굽 편자처럼 떼고 붙일 수 있는 보습을 끼우는 일은 쉽지 않았다. 억지로 끼워 놓아도 나무가 말라 수축하면 저절로 빠져버렸다. 그렇다고 망치로 때리면 성질 급한 무쇠 날은 잘 깨졌다. 할아버지는 보습을 끼울 때마다 틈새를 메워주는 보족을 사용했다. 보습을 끼우는 일만은 눈썰미와 손재주가 뛰어난 큰형님도 할아버지의 도움을 받아야 했다.

무쇠 보습은 강철에 밀려났다. 가볍고 튼튼한 강철 삽은 수천 년 내려오던 보습의 자리를 단번에 차지했다. 무쇠에 비하면 강철의 역사는 짧지만 질기고 강한 성질로 자신의 영역을 만들었다. 제철소가 생기고 제강기술이 발달하면서 등장한 다양한 삽들이 농사일에 큰 도움을 주었지만 그리 오래가지는 못했다. 기계문명의 발달로 농기구도 자동화되고 기계화되면서 수작업에 의존하던 쟁기나 삽은 점차 사라져가고 있다.

세상을 바꾼 철은 은자隱者였다. 자신의 모습을 잘 드러내지 않았다. 누구도 쉽게 찾을 수 없는 깊은 곳에서 은둔의 세월을 보내고 있었다. 핏물처럼 바위 속에 스며들어 수십억 년을 수도자처럼 조용히 지냈다. 어설픈 돌들이 세상을 지배하고 구리와 주석이 새로운 문명을 만들 때도 그저 지켜보기만 했다. 갖가지 귀금속들이 부와 권력에 아부하며 부귀영화를 누릴 때도 철은 한눈팔지 않고 언제나 낮은 곳에서 힘들고 험한 일을 맡았다.

자신의 역할을 다한 철은 미련 없이 떠난다. 분장한 배우처럼 주어진 배역이 끝나면 조용히 무대 뒤로 사라진다. 잠시 세상에 얼굴을 내밀었다 떠나는 것은 철만이 아니다. 영원할 것 같은 바위도 자갈과 모래가 되었다가 먼지가 되면 바람을 따라나선다.

철은 무덤을 만들거나 화장할 필요가 없다. 바람이 구름을 데려가듯 풍화된 철도 세월을 따라 사라진다. 처음부터 형체가 없었기에 떠날 때는 아무것도 남기지 않는다. 그렇다고 아픔이 없는 것은 아니다. 고통 없이 떠날 수 있는 것이 어디 있겠는가. 저승사자 같은 산소 앞에서는 벌건 녹물이 되어 눈물처럼 흘러내린다.

산화된다는 것은 본래 모습으로 돌아가는 것이다. 잠시 삽이 되고 쟁기가 되지만 어쩌면 그것은 자신의 모습이 아니었는지 모른다. 핏물처럼 바위 속에 갇혀 있다 뜨거운 불길에 어쩔 수 없이 세상에 나왔지만 사는 것이 쉬운 것은 아니었다. 힘든 삶의 마지막 가는 길은 언제나 열꽃 같은 산화였다. 찔레꽃보다 더 붉은 쇠꽃으로 활짝 피었다가 훨훨 떠나간다. 흙에서 태어났다 흙으로 돌아가는 인간처럼 영면의 세계로 돌아간다.

지금도 어디선가 철의 환생을 바라는 용광로의 거센 불길이 하늘 높이 올라간다.

인턴

꿈이 무너진다. 현장 실습생 사망 소식이다. 안타까운 마음을 추스를 새도 없이 채용 비리가 줄줄이 이어진다. 청년들의 꿈을 송두리째 앗아가는 뉴스가 허탈과 실의에 빠지게 한다. 열악한 조건에서도 힘들게 버티는 청년들의 눈에 어떻게 비칠지 걱정이다.

인턴과정을 마친 제자가 찾아왔다. 입사했다며 활기찬 모습으로 나타났던 때와 달리 한풀 꺾인 모습이다. 채용 여부를 결정하는 최종 면접에서 탈락했다고 한다. 문턱까지 갔다가 불합격한 경우라 아픔이 더한 것 같다. 염라대왕 같은 면접을 몇 번이나 거쳐 당도한 그곳에는 설 자리가 없었다.

인턴이 되기도 쉽지 않았다. 밤새 컴퓨터에 매달려 채용공고를 찾았고 이력서와 자기소개서를 작성하느라 날밤을 새웠다. 조금이라도 나은 점수를 받기 위해 자격증 개수도 늘렸다. 서류를 내고 결과를 기다렸다. 하루에도 수십 번 휴대전화 문자를 확인했다. 시간이 지날수록 자신감이 없어지고 불안했다. 면접 대상자라는 연락에 최종 합격한 것처럼 좋아했다. 교수와 선배들을 찾아다니며 예상문제도 만들었다. 마지막 면접 때는 꼬박 밤을 새우고 면접장에 갔다.

인턴 자리도 많지 않다. 졸업 시즌이 다가오면 전공이나 적성은 생각할 겨를도 없고 조건을 세세하게 따질 여유도 없다. 찬밥 더운밥 가리지 않고 원서부터 내고 본다. 어떤 회사며 무슨 일을 하는지 어디에 있는지도 모르고 내기도 한다. 취업은 고사하고 면접이라도 한 번 보고 싶은 간절함 때문이다. 부모들의 눈길이 더 그쪽으로 가게 한다. 학교도 다를 바가 없다. 일단 취업부터 시키고 보자며 추천부터 한다. 취업률이 올라가야 학교도 좋은 평가를 받기 때문이다.

인턴은 정규직이 아니다. 일정한 선발 절차에 따라 회사의 실무를 익히는 사람을 말한다. 처음에는 좋은 뜻으로 시작되었다. 정식 직원은 아니지만 일을 배우면서 자신의 적성과 전공에 맞는지 확인하는 기간이었다. 현장 실습도 비슷했다. 학생은 학교에서 배운 내용을 현장에서 몸으로 확인하고 회사는 근무 내용을 바탕으로 채용을 결정하는 제도였다. 학생도 직원도 아닌 애매한 신분이지만 열심히 노력한다.

그는 최선을 다했다고 한다. 일찍 출근해 사무실 문을 열고 늦게 퇴근하면서 문을 잠그기도 했다. 석 달 동안 숨도 제대로 쉬지 못하고 일했지만 마지막 결과는 불합격이었다. 허탈했다. 몇 달 만에 잡은 고래를 끌고 오다 놓쳐버린 어부처럼 한동안 어찌할 바를 몰랐다. 최종 낙방이라는 소리를 듣는데 한 해의 반이 걸렸다. 같은 과정을 두 번이나 거친 제자의 어깨는 점점 처지고 작아져만 갔다.

인건비를 줄이는 기회로 생각하는 기업도 있다. 어떤 기업은 직원 대부분을 실습생이나 인턴으로 채운다. 열심히 일하면 정규직이 될 수 있다는 말로 열정을 강요한다. 경쟁을 유도해 휴일을 자진 반납하게 하고 스스로 일하는 것처럼 보이게도 한다. 실컷 일을 시키고 정해진 기간이 끝나면 집으로 돌려보낸다. 너무하다는 생각이 든다. 겉으로는 가족이니 뭐니 추켜세우고 뒤로는 교묘하게 청년들의 꿈을 이용하는 일을 스스럼없이 하고 있다. 당해보지 않으면 알 수 없는 횡포가 사회 곳곳을 병들게 한다.

더 심각한 문제도 있다. 온갖 형태의 채용 비리이다. 힘 있는 사람들의 눈치를 많이 보는 어떤 공기업은 신입사원 대부분을 청탁으로 뽑았다고 한다. 매스컴을 통해 조금씩 밝혀지고 있지만 그것은 빙산의 일각이라는 생각이 든다. 보통 사람들은 들어도 잘 알 수 없는 교묘하고 희한한 수법들이 동원되는 모양이다. 고양이에게 생선 가게를 맡겨둔 격이다. 철저하게 조사하고 법에 따라 엄벌을 가하겠다고 기자회견을 한다. 이 말을 믿는 사람이 얼마나 될지 의문스럽다. 비슷한 말을 자주 듣다 보니 이 또한 지나가는 바람처럼 들린다. 이때쯤 불어오는 계절풍이라는 생각이 든다.

능력을 검증한다고 한다. 사람을 고를 줄 모른단 말인가. 수십 년간 반복해온 담당자들이 정말 옥석을 구별 못 하는 것일까. 준비 없이 산업화가 시작되던 그때도 이렇게 하지는 않았다. 공기업이나 대기업들이 한술 더 뜬다. 철밥통 같은 정년보장과 높은 임금을 내걸고 취업 준비생들의 가슴에 바람만 불어 넣는다.

누가 이런 제도를 만들었을까. 그런 제도가 없어도 선진국의 기업들은 잘 유지되거나 성장하고 있다. 수작업이 자동화되고 굴뚝 산업이 예전처럼 성장하지 못하면서 생긴 공급과 수요의 불균형 때문이라고 한다. 높은 임금을 견디지 못하고 일부 산업이 해외로 옮겨간 것을 탓하기도 한다. 틈만 나면 떼 지어 선진국으로 나갔던 정책 입안자들에게 무엇을 배우고 왔는지 묻고 싶다.

청년 취업이 사회적 이슈로 등장한 지가 언제였는가. 선거 때마다 공약으로 내걸지만 갈수록 더 심각해지는 것 같다. 시간이 지나도 좀처럼 나아질 기미가 보이지 않는다. 새 정부가 들어설 때마다 성과에 매달려 변형된 제도만 만들어 낸다. 회사 문턱만 넘으면 취업으로 간주하고 성과를 부풀린다. 땜질 처방만 쏟아내다 보니 일용직이나 임시직 일자리만 늘어난다. 해마다 엄청난 예산을 쏟아 붓지만 밑 빠진 독에 물 붓는 격이다.

청년들이 꿈을 잃어가고 있다. 꿈과 낭만이 넘치던 대학은 옛이야기다. 주문식이다 뭐다 하면서 교육과정도 기업의 입맛에 맞춘다. 대학 홍보나 정부 지원사업도 취업률이 우선이라 어쩔 수 없다. 3만 불 시대를 앞두고 모두가 좋은 일자리만 찾다 보니 취업은 점점 어려워진다. 선진국들은 일자리가 늘어나고 경제 성장도 잘된다는데 우리는 좀처럼 개선될 기미가 보이지 않는다.

취업 경쟁이 도를 넘어선 지 오래다. 계속되는 불경기가 싸움을 부채질한다. 열심히 노력하면 잘 살 수 있다고 말하기조차 민망하다. 제자들에게 무슨 말을 어떻게 해야 할지 조심스럽다. 일자리를 찾은 제자들의 밝은 목소리가 복도에 가득 찰 날을 기대해 본다.

청심헌淸心軒

Ⅰ. 첫 공연

돌아서는 발길이 무겁다. 살붙이와 헤어질 때면 더 그렇다. 울대를 적시는 뜨거운 기운을 삼키며 골목길을 나서지만 마음은 자꾸 뒤를 돌아본다. 환영 같은 짧은 만남이 오랫동안 묵혀두었던 기억을 불러낸다.

사람은 늘 만나고 헤어진다. 산속에 홀로 앉아 있어도 만남은 이루어진다. 꼭 사람이 아니라도 새로운 얼굴을 대하고 또 헤어진다. 끝없이 반복되는 만남은 원하든 원치 않든 어디에서나 일어난다. 모두가 바람처럼 스쳐 지나가지만 아쉬움이 많을수록 징소리처럼 울림을 준다.

지난해 가을 청도 매전에 있는 동생 집을 찾아갔다. 어찌나 감이 많던지 한참을 가도 빨갛게 익은 감이 산자락을 붉게 물들이고 있었다. 유년 시절부터 감나무를 보았지만 이런 장관은 처음이었다. 단풍잎 사이로 얼굴을 내민 빨간 감이 어떤 것보다 마음을 풍요롭게 했다. 하얗게 분칠한 청도 반시는 터질 듯 풍만한 모양이고 무게를 견디지 못하고 휘어진 가지는 땅에 닿을 것만 같았다. 아무도 찾지 않는 높은 곳 홍시는 속살이 다 비칠 정도로 투명하게 보였다.

현판식을 하러 다시 그곳을 찾았다. 기상관측 이래 가장 폭염이 길다지만 산골의 감잎은 점점 짙은 녹색이 되어가고 있었다. 지난 가을에 보았던 단풍잎과는 전혀 다른 싱싱한 얼굴이다. 두꺼운 이파리 밑에는 밤보다 작은 감이 제 모습을 조금씩 찾아가고 있었다. 주먹만 한 반시가 되면 듣도 보도 못한 타지로 떠날 것을 아는지 모르는지 바람이 불 때마다 몸을 흔든다.

문자를 여러 번 받았다. 잘 오고 있는지 확인 문자다. 동네에 들어서자 해수욕장 복장에 검은 선글라스를 낀 동생이 활짝 열린 대문 앞에서 손을 흔든다. 안에서 기다려도 되는데 더운 날에 굳이 나와 있다. 울타리에 목을 걸친 붉은 능소화가 내려다보는 마당에는 향나무와 감나무가 터줏대감처럼 서 있고, 계단 밑 채송화며 송엽국화, 목이 긴 나리며 원추리꽃, 허리가 부러진 노란 겹삼잎 국화가 방문객을 반긴다. 주인의 헌신적인 보살핌이 없었으면 이 더위에 어떻게 꽃을 피울 수 있었을까 싶다.

두꺼운 송판의 한자 음각 현판을 준비했다. 단순한 문패보다는 각閣이나 헌軒이 좋을 것 같아 현판을 만들었다. 흰 페인트를 음각에 채우니 얼룩덜룩한 바탕에 하얀 예서체가 튀어나올 듯 살아난다. 마당에서 잘 보이는 현관문 옆에 달기로 했다. 시멘트 못도 잘 들어가지 않는 콘크리트 벽을 드릴로 뚫고 어렵사리 현판을 달고 흰 천으로 덮었다.

유년 시절부터 동생은 인문학을 좋아했다. 그중에서도 국문학을 좋아했고 고등학교 때는 스스로 '송학松鶴'이라는 호를 즐겨 사용했다. 하지만 현실은 하고픈 일만 하도록 놔두지 않았다. 상대를 졸업하고 금융계에서 직장생활을 시작해 그곳에서 매듭을 지었다. 많은 사람과 경쟁하면서도 올라갈 수 있는 만큼 올라갔다. 퇴직하자 모든 것을 접고 인적이 드문 이곳으로 왔다. 오래된 집이지만 가꾸고 다듬어 제법 번듯한 별장처럼 만들었다. 잘 다듬은 정원을 보니 전원생활을 즐기는 듯하다.

창원 동생이 도착했다. 현판을 덮었던 하얀 천을 벗겨내고 기념 사진을 찍었다. 불그스레한 벽돌과 어울리는 현판을 배경으로 많이도 찍었다. 모두가 희끗희끗한 머릿결을 날리며 함박웃음을 지었다. 형님들이 세상을 뜬 후 잘 웃지 않았는데 오랜만에 형제들은 크게 웃었다. 막내도 어느새 큰형님이 세상을 떠날 때보다 나이를 더 먹었다.

소박한 뒤풀이가 이어졌다. 시원한 소주가 목젖을 적시며 잘도 넘어갔다. 고기를 잘 굽는 막내가 쉴 새 없이 노릇노릇한 삼겹살을 구워 올리자 빈 소주병이 빠르게 늘어났다. 앞산이 어둠에 싸일수록 별과 달이 선명하게 빛났다. 푸른 앞산이 검게 변하자 막내가 장구채를 잡았고 초등학교 때부터 노래를 잘 부르던 집주인 동생이 노래를 시작했다. 일을 하거나 공부할 때도 노래를 불렀고 답답한 가슴을 다독이거나 어려움이 밀려와도 노래를 불렀다. 지난해 '전국노래자랑'에 나가 장려상도 받았다. 지금은 경기민요를 배워 가끔 공연도 하러 다닌다고 한다.

술이 들어가자 노래가 열기를 띤다. 어릴 때 불렀던 노래가 줄줄이 이어져 나온다. 스마트폰의 반주가 앰프를 거치자 최고의 노래방이 된다. 트로트가 돌고 돌아 수준급의 권주가와 판소리로 이어진다. 폭포 같은 목소리가 도랑물처럼 작은 소리로 속삭인다. 장구 소리에 징소리가 겹치자 자연스럽게 구성진 육자배기로 연결된다. 찌든 가슴을 소주로 씻어내고 쌓인 먼지는 소리로 토해냈다.

반세기 전 여름방학이 생각났다. 부산 큰형님에게 놀러 간다는 말에 뙤약볕에도 논을 매고 논두렁풀을 벴다. 도시에서 취업을 준비하던 큰형님은 최선을 다해 동생들을 즐겁게 해주려고 노력했지만 한계가 있었다. 하룻밤 지나고 나니 모든 것이 불편했다. 좁은 방이며 공동 화장실, 끝없는 계단과 골목길, 날마다 물차를 기다리는 양동이의 긴 줄을 보면서 집에 가고 싶었다. 연탄 화덕에서 흰 거품을 내무는 작은 냄비와 용천같이 보글거리는 된장찌개를 보니 마치 소꿉장난 같았다. 각박한 도시 생활을 보면서 환상이 사라졌다.

마지막 날은 신경을 많이 썼다. 흰쌀밥에 된장찌개가 자리 잡은 작은 밥상에는 멸치볶음과 김도 몇 장 있었다. 입대하는 아들에게 정성을 다해 차려주는 어머니의 밥상 같았다. 동생들이 어떤 마음으로 왔다는 것을 잘 아는 큰형님은 늘 미안해하며 정류장까지 데려다주었다. 조용히 버스에 오르는 동생들을 향해 애잔한 목소리로 하직 인사를 했다. 큰형님은 언제나 가족 모두에게 안부를 전하라는 말을 마지막으로 했다. 차가 보이지 않을 때까지 동생들을 향해 손을 흔들었다. 어느 날 큰형님은 농담처럼 말했다. 빈손으로 동생들을 보내고 돌아서면 참았던 눈물이 서럽게 쏟아졌다고.

날이 밝자 떠날 준비를 한다. 아침밥을 먹는 식탁에는 침묵만 흐른다. 늘 사람을 만나고 헤어지지만 혈육은 애잔함이 앞선다. 동생이 챙겨주는 고추 봉지를 트렁크에 싣고 한동안 현관을 바라본다. 마음을 맑게 한다는 '청심헌淸心軒'이라는 세 글자가 밝게 빛난다.

Ⅱ. 두 번째 공연

함박눈처럼 꽃잎이 흩날린다. 성급하게 세상을 밝히던 벚꽃이 살구꽃에 밀려 바람을 타고 떠나간다. 찬 기운이 남아 있는 인적 드문 산골에서는 이제야 벚꽃 망울들이 한껏 부풀어 오른다. 춘몽에 취해 있는 반시나무가 지천에 늘려있는 청도 매전의 '淸心軒'을 찾아가는 길이다.

동생이 문자 한 통을 보내왔다. 매향이 그윽한 청도의 산골 마을에서 두 번째 국악공연을 하면 어떻겠냐고 한다. 첫 공연은 지난해 여름에 있었다. 현판을 다는 날 밤새 노래하고 떠들면서 날밤을 지새웠다. 현판식을 하고 벌어진 놀이판은 말이 공연이지 예정되거나 관객이 모인 것은 아니었다. 구운 삼겹살에 반주가 더해지니 저절로 흥이 돋아 소리판이 벌어졌을 따름이다.

매화가 지기 전에 모임을 갖자고 한다. 워낙 산골이라 매화가 늦게 핀 모양이다. 늦지만 늦지 않은 매화 향이 마당 가득 퍼지자 생각이 난 모양이다. 빠르게 흘러가는 세월에 우리의 시간이 많지 않다는 말도 곁들었다. 추운 겨울을 무사히 보냈으니 서로 얼굴을 마주하고 회포를 풀어보자고 한다. 1박 2일을 위한 준비가 완벽하게 되어 있으니 반드시 빈 몸으로 오라는 말도 덧붙어 있다.

정해진 무대나 특별한 음향 장치는 없었다. 술잔이 몇 번 오가자 분위기는 빠르게 무르익어 갔다. 그동안 풀지 못하고 쌓아 두었던 노래가 장연리 동창천의 숭어 떼처럼 활개를 치기 시작했다. 분위기가 살아나자 동생들은 기타를 치고 하모니카를 불면서 고향에서 불렀던 노래를 불렀다. 흘러가는 은하수가 동심으로 돌아가게 했다. 붉게 옻칠한 오동나무 장구가 모습을 드러내자 유행가는 사라지고 민요가 등장했다.

유년 시절부터 형제들은 노래를 좋아했다. 작은형님의 기타 반주에 맞춰 순서대로 노래를 부르고 평을 받기도 했다. 작은형님은 매년 정월이면 어김없이 열리던 동네 노래자랑을 큰형님 대신 주관했고 때로는 기타 반주도 했다. 저녁을 먹고 나면 기타 반주에 맞춰 〈애수의 소야곡〉이나 〈동백 아가씨〉와 같은 유행가를 흥얼거렸다. 드러내지 못한 뭔가를 기타줄에 날려 보냈다. 적막한 밤공기를 울리는 연주는 관객도 무대도 없었지만 오래도록 이어졌다.

첫째 동생은 경기민요를 좋아한다. 서도소리보다 가락이 유연하고 남도소리처럼 꺾거나 떠는 음이 많지 않아 맑은 목소리에는 제격이다. 대학축제 때는 장기자랑 부문에서 민요를 불러 대상을 받았고, 직장에서는 회식 때마다 흘러간 유행가를 맛나게 불러 진가를 드러내더니 퇴직하자마자 경기민요를 배우러 다녔다. 몇 해 전에는 KBS 전국 노래자랑에서 〈추억의 소야곡〉을 불러 메달을 목에 걸었고 지금은 문화회관이나 여러 행사장에 출연한 공연 모습을 동영상으로 보내온다.

역정이 결코 순탄치만은 않았다. 집안 형편이 어려울 때 태어났지만 동생은 늘 밝은 표정을 잃지 않았다. 누구보다 열심히 공부하면서 온갖 집안일이나 농사일도 마다하지 않았다. 대학을 졸업하고 최고의 직장에 들어갔지만 그곳에도 암초가 있었다. 파산 직전까지 가는 고통의 세월을 감내해야 했다. 지금까지 겪었던 그 어떤 아픔보다도 가혹한 시련이었지만 근면 성실함으로 최고의 자리까지 올랐다. 가슴에 차오르는 분노와 설움이 흩날리지 않도록 누름돌로 꾹꾹 누르며 노래로 시름을 달랬다.

이제야 엉킨 실타래를 풀어낸다. 알아주는 사람이 없어도 쌓인 앙금을 글과 노래로 천천히 게워내고 있다. 숨도 제대로 쉴 수 없을 만큼 상처받고 무너져 내린 마음을 조금씩 추스른다. 한동안 글에 매달린 적도 있지만 이제는 민요를 부르고 작은 남새밭을 가꾸는데 많은 시간을 보낸다. 상추나 고추도 심고 갖가지 꽃들로 마당을 가득 채운다. 박혀 있는 옹이를 삭이려 해마다 꽃을 피우는 나무처럼 가슴속 응어리를 털어내려 소리를 지르고 장구를 친다.

막냇동생이 색소폰을 들고 나타났다. 몇 시간째 노래방처럼 노래하다 잠깐 쉴 때였다. 조금 전까지만 해도 장구를 치던 동생이 금빛 관악기로 분위기를 반전시킨다. 어릴 적부터 어떤 악기든 조금만 만지작거리면 비슷한 소리를 내더니 배운 지 얼마 안 된다고 하면서도 어지간한 노래는 다 소화한다. 언젠가 전혀 만져 본 적이 없는 단소를 배워 미국의 어느 대학에서 한국문화를 가르친 적도 있다.

구성진 남도 소리가 이어진다. 사설을 만들고 곡을 붙인 사람이 누군지도 모르는 애잔한 잡가는 가슴을 파고든다. 서민의 애환이 서려 있는 잡가와 사설의 내용을 전하는 판소리는 중모리장단이 많다. 잡가는 매기는 소리와 후렴으로 구분되지만 판소리는 창唱과 아니리로 나뉜다. 장소에 따라 가사를 바꿔 부르고 후렴에서 모두가 참여하는 잡가가 아니리로 분위기를 맞추고 관객의 추임새로 흥을 돋우는 판소리보다 쉽게 청중에게 다가간다.

나는 판소리를 좋아한다. 더 늦기 전에 해감을 토해내려고 시작했다. 명창의 폭넓은 성량을 제대로 흉내 낼 수는 없지만 상청과 하청을 만들려고 목청을 다듬는다. 떨다가 꺾고 감치다가도 계단처럼 뚝뚝 떨어지는 뱃심으로 부르는 소리의 매력에 갈수록 빠져들었다. 힘을 주고 빼는 부분을 제대로 살리지도 못하고 굵고 가늘게 떠는 방법도 잘 모르지만 소리를 하고 있으면 마음이 편해져 쉽게 그만두지 못하고 자꾸만 흥얼거린다. 비틀고 떨어지고 감치며 소리의 참맛을 내는 시김새는 제대로 살리지 못하지만 펄을 토해내듯 지금도 크게 소리를 지른다.

형제들은 끼가 많았다. 초등학교 때는 운동회나 학예회 등에 빠지지 않았고 대학 때는 단골로 축제 등에 초청되어 노래를 불렀다. 학교든 직장이든 어디를 가도 무대에 서는 것을 주저하지 않았다. 누가 알아주지 않거나 관객이 많지 않아도 상관없었다. 박수가 그립거나 뭔가를 바라고 하는 것은 아니었다. 사람들과 어울려 가슴에 남은 해감을 헹궈내고 싶어서 그랬다. 힘들어도 울지 못하고 삼킬 수밖에 없었던 사연들을 소리로 풀어낼 수 있기 때문이었다.

두 번째 공연이 끝났다. 산골의 고요함이 집안에 흐른다. 한동안 다들 말이 없다. 소리꾼의 거친 숨소리가 잦아들기만 기다린다.

홰나무

비늘 같은 껍질이 유난히 까맣다. 허연 송진으로 아픔을 치유하던 소나무처럼 자신의 진액으로 상처를 낫게 하는 홰나무가 예전 같지 않다. 때가 되면 모든 것을 조금씩 내려놓는 어떤 노승처럼 한 세기를 넘긴 노거수가 먼 가지부터 정리한다.

홰나무는 모양이 둥글고 온화하여 학자나무라 불린다. 전나무처럼 하늘을 찌를 듯이 자라거나 감나무같이 잔가지를 많이 만들지 않는다. 작은 잎이 무성한 가지에 황백색 꽃이 피고 가을이면 열매를 맺는 홰나무는 토양과 기후에 큰 영향을 받지 않고 병충해에도 강하다. 예전에는 선비가 살던 집이나 향교같이 사람이 많이 모이는 곳에 즐겨 심었지만 지금은 가로수로도 많이 보인다.

증조부는 선비였다. 필체가 좋기로 소문났다. 형제 중 막내로 태어나 장래가 촉망되었지만 황어회를 먹고 황달이 찾아와 잘 걷지도 못하는 어린 아들만 남겨두고 젊은 나이에 생을 마감했다. 할아버지는 서당에서 글을 배웠지만 끝내 농부가 되었다. 농사일을 시작했을 때는 이미 부자도 양반도 아니었고 그저 홀어머니를 모시는 가난한 농부에 불과했다.

할아버지는 집안에 홰나무를 심었다. 학자가 태어난다는 속설을 믿고 작은 모종을 구해 경계에 심었다. 서당을 조금 다니다 그만둔 할아버지는 자식들이 학자가 되기를 원했다. 나무처럼 쑥쑥 자라는 자식들이 농사꾼으로 힘들게 살지 않고 관직에 나가거나 학자가 되기를 바랐다. 자신이 이루지 못한 꿈을 담아 울타리와 담장이 만나는 곳에 심었다고 할머니가 말했다.

그때는 그냥 흘려들었다. 가족 중 누구도 학자가 될 것 같지 않았다. 나무는 이미 크게 자랐지만 가세는 점점 기울고 있었기 때문이다. 학자는 차치하고 학업을 계속하기도 힘들었다. 공부보다 농사일이 우선이었던 집안 사정 때문에 하루라도 빨리 취업하고 돈을 벌고 싶었다. 적성에도 맞지 않는 공업고등학교에 들어가자 마치 막다른 길에 막힌 것처럼 앞이 잘 보이지 않았다. 받아들이고 싶지 않은 현실 앞에 날마다 생각이 깊어지고 말수를 잃어갔다.

어디론가 떠나고 싶었다. 돈을 벌면 모든 것이 해결될 것 같았다. 돈을 많이 주는 곳이면 세상 어디에도 갈 수 있었다. 사막의 열풍이 몰아치는 열사의 나라 중동 파견 용접공으로 자원했다. 국내 임금보다 열 배나 더 준다는 담임 선생님의 말만 듣고 무조건 지원했다. 몇 달 동안 밤낮없이 수천 도의 불 앞에서 쇠를 녹이고 붙였다. 그늘에 앉아 있어도 땀이 줄줄 흐르는 삼복더위에도 손끝 하나 보이지 않을 정도로 온몸을 감싸고 불과 마주했다. 헬멧을 벗으면 물에 빠진 생쥐같이 온몸이 땀에 절여 있었다. 그래도 좋았다. 학자의 길을 갈 수 있다는 희망이 있었기 때문이었다.

어디든 나갔다가 오면 홰나무가 제일 먼저 반겼다. 태어나 자라는 동안 모든 것을 지켜본 홰나무는 마을 어귀에 들어설 때나 신작로를 빠져나갈 때나 늘 지켜보고 있었다. 바람이 거세게 부는 날이 아니면 작은 바람에도 작은 이파리를 달개처럼 흔들었다. 집을 드나들 때마다 멀리 홰나무가 보이면 무사히 집에 돌아왔다는 안도감이 들었다.

겨울밤에는 가끔 부엉이 우는 소리가 들렸다. 방에 들여놓은 물그릇이 얼 정도로 추운 날이면 홰나무에 앉아서 울었다. 산중에 먹을 것이 없어 내려온 부엉이는 마을로 내려와 몇 시간이고 먹잇감을 기다렸다. 모두가 잠들은 조용한 마을의 적막을 깨는 그 소리가 무서웠다. 때로는 올빼미도 내려와 시야가 좋은 홰나무가지에 앉아 조용히 먹잇감을 기다렸다. 어떤 때는 온기가 남아 있는 굴뚝이나 방문 근처까지 내려와 우는 바람에 무서워 문을 열 수가 없었다.

노거수의 꼭대기는 분주할 때가 많았다. 나뭇가지로 얼기설기 만들어 놓은 까치집 때문이다. 예나 지금이나 손님이 찾아오면 까치가 제일 먼저 울기 시작한다. 낯선 사람이 마을 입구에 들어서기도 전부터 높은 곳에서 지켜보던 까치들은 야단이다. 반가운 손님이든 아니든 누군가가 다가오면 안절부절 난리를 피웠다. 어떤 때는 덩치 큰 까마귀가 날아와 감나무에서 잠시 쉬고 있어도 떼로 달려들어 기어코 쫓아냈다. 할머니는 까치가 요란하게 설치거나 울면 손바닥만 한 문 유리를 통해 바깥을 살폈다.

아버지는 학자의 길을 걸었다. 대학에서 법학을 전공하면서 유학의 꿈을 꾸었다. 미국에 가려고 영어 공부를 열심히 했지만 한국전쟁이 일어나면서 모든 꿈은 물거품이 되었다. 전쟁이 끝나고도 불안한 세상이 계속되자 두 아들의 아버지가 되어 선뜻 타지로 떠날 수가 없었다. 역마살을 주체할 수 없어 발버둥쳤지만 여건은 점점 어려워졌다. 옥죄는 환경을 벗어나지 못하고 낮에는 마을과 문중 일을 보고 밤이면 《명심보감》을 외우고 한시를 노래했다.

아버지는 자식들을 방목했다. 어떤 일이든 별로 간섭하지 않고 지켜보았다. 심지어 상급학교 진학도 억지로 권하거나 만류하지 않았다. 가겠다고 하면 보내고 말이 없으면 그냥 두었다. 공부를 많이 한다고 잘사는 것이 아니라는 것을 체험한 아버지는 모든 것은 스스로 책임지게 했다. 아들 중 박사와 교수, 대기업의 최고 경영자가 나오자 사람들은 홰나무가 이루지 못한 꿈을 마침내 이루었다고 말했다. 정작 아버지는 한 번도 내색하지 않았다.

가방끈이 길다고 학자는 아니다. 많이 배웠다고 모든 것을 내 것으로 만들 수는 없다. 풍족하고 아쉬운 것이 별로 없는 세상에 살면서도 늘 현실에 쫓기며 바쁘게 산다. 차고 넘치는 문명의 이기들이 정신세계를 약하게 하고 인간의 본성을 좀먹는다. 형제들은 아버지처럼 《명심보감》을 외우고 철학을 논하면서 여유롭게 살지 못한다. 진짜 학자는 우리 형제가 아니고 아버지였다는 생각이 든다.

사람답게 사는 것이 어떤 것인지 갈수록 혼란스럽다. 끝없는 욕심에서 벗어나지 못하고 많이 가지려는 마음이 오히려 삶을 궁핍하게 만든다. 가끔 욕심을 내려놓고 번뇌를 떨쳐내려 애써 보지만 마음만 복잡해진다. 나이가 들수록 홰나무처럼 사는 것이 쉽지가 않다. 가을이 짙어가자 홰나무의 노란 잎이 비처럼 마당에 흩날린다.

군자정 솔향기

가로등 불빛이 고즈넉한 고택 입구를 밝힌다. 골목으로 들어온 차가운 눈바람이 빛바랜 나무 대문을 흔들며 적막을 깬다. 긴 세월 철길에 가로막혀 숨도 제대로 쉬지 못한 고택은 바람이 지나가자 다시 고요한 어둠 속으로 빠져든다.

권문세가들이 평지에 집을 지을 때 강가에 터를 잡았다. 하필이면 이런 비탈에다 터를 잡았는지. 불빛이 새 나오는 낡은 대문을 살며시 밀고 들어서니 돌계단이 나타난다. 인기척 없는 안채의 댓돌 위에는 하얀 신발 한 켤레가 가지런히 놓여 있다. 오랜 세월 수많은 사람을 맞이하고 배웅했던 안마당에 스산한 바람이 인다.

수행자처럼 은둔해 있는 보물 제182호 안동 '임청각臨淸閣'이다.

우리를 기다리던 종손이 군자정으로 안내한다. 희미한 손전등이 가파른 계단 길을 비춘다. 손잡이도 없는 좁은 층층대라 급하게 오르거나 한눈을 팔다간 낭패를 볼 것 같다. 지체가 높든 낮든 계단을 밟지 않고는 정자에 오를 수 없도록 높은 축대 위에 주춧돌을 놓았다. 정자로 가는 길은 첫 관문부터 만만치가 않다.

군자정은 맞배지붕과 팔작지붕이 하나로 붙어 있다. 사방이 트여 있는 청도나 함양의 군자정과는 달리 계절에 따라 여닫을 수 있는 들창문이 붙어 있고 공간이 넓어 방과 마루가 적절하게 배치되어 있다. 임청각 군자정은 사철 시인 묵객이 찾아드는 사랑채 같은 곳이다.

이곳 정자는 찾아온 손님들이 하룻밤 머물면서 세상사를 이야기하는 문화공간이다. 풍광이 얼마나 좋았는지 의병장 고경명의 시에 '휜칠한 누각에 안개 걷히니 조망이 새롭고, 앞산에 가는 비 몰어와 다시 이 사람을 머물게 하네.'라는 구절이 나온다. 날마다 피어나는 낙동강의 새벽 물안개가 임청각을 감싸면 정자 아래 연못에는 연꽃이 피고 진다.

문풍지 떠는 소리에 잠이 깼다. 가을밤 풀벌레 소리 같은 서글픈 떨림이 유년 시절의 기억을 불러낸다. 세찬 황소바람이 방문을 두드리면 할머니는 몇 번이나 문고리를 잡아당겼다. 보이지도 않는 문틈 사이를 비집고 들어오려는 바람과의 전쟁은 겨울마다 되풀이 되었다. 아무리 문고리를 잡아당겨도 찬바람은 지칠 줄 모르고 안방을 넘보았다. 그날은 홰나무의 부엉이도 유난히 크게 울었다.

문풍지가 따르르 홰치는 밤이면 할머니는 염주를 들었다. 개 짖는 소리마저 잦아드는 이슥한 시간까지 염주를 놓지 않았다. 꽃다운 나이에 저세상으로 떠난 막내딸을 생각하는지 아니면 자손들이 무탈하기를 비는지 손등 푸른 핏줄이 도드라질 때까지 굴렸다.

어렴풋이 천장이 보인다. 작은 온돌방이라 이불 속은 따뜻하지만 코가 시리다. 어디선가 송진 냄새가 난다. 불을 켜 보니 하얀 바탕에 힘줄 같은 목질이 선명한 소나무 천장에서 뿜어나는 솔향기다. 천장을 왜 소나무로 했을까. 공자는 찬바람이 일 때라야 비로소 송백이 늦게 시드는 것을 알게 된다고 했다. 추운 겨울에도 푸르름을 잃지 않는 소나무처럼 세상이 변해도 초심을 지키라는 뜻이 아닐까 싶다.

만주로 떠났던 옛 주인을 떠올린다. 충과 효를 생명처럼 여기는 종손은 사라져가는 나라를 보면서 얼마나 밤잠을 설쳤을까. 나라의 운명이 점점 위태로워지자 수치스럽게 사느니 차라리 이 땅을 떠나기로 결심했다. 대대로 내려오는 종 문서부터 불살랐다. 집안의 식솔이었던 하인들에게 자유를 주고 논밭을 정리했다. 양반 가문의 생명과도 같은 조상의 위패도 어디엔가 묻었다. 잃어버린 나라를 되찾는 날을 생각하며 모든 것을 정리했다. 그도 이 방에서 마지막 잠을 청했지만 잠이 오지 않았을 것이다. 그날 밤도 문풍지는 주인과 함께 밤새워 울었지 싶다.

겨울이 되어야 소나무의 절개를 알 수 있고 시절이 어려워져야 선비의 기개를 알 수 있다. 많은 사람이 자신의 안위와 영달만을 저울질할 때 군자정 사람들은 임청각만 남겨둔 채 고향을 떠났다. 수백 년 내려온 가문의 명예보다 나라를 걱정하며 버려진 땅 만주로 떠났다. 그때 지은 거국령去國吟이라는 시에는 '태평성세 훗날 다시 돌아와 머무르리.'라고 했지만 주인은 다시 군자정에 돌아오지 못했다.

오랜 세월 주인 없는 고택이었다. 일제가 임청각 마당으로 철마를 끌어들여 조선의 상징적 건물들을 헐어냈다. 대대로 내려오는 전답과 종택까지 처분해 만주에 신흥무관학교를 세운 석주 이상룡 선생의 기개 때문이었다. 삼정승이 태어난 명당이라 그런지 완전히 사라지지는 않았다. 임시정부 때는 초대 국무령을 비롯한 아홉 명의 독립유공자를 배출했다. 수많은 외적의 침략 속에서도 살아남은 군자정은 지금도 옛 주인을 기다리는 듯하다.

이곳 정자는 대대로 주인이 태어나 혼인을 하고 자손을 낳고 상여를 타고 떠나는 것까지 여러 번 지켜보았다. 좋은 일만 본 것이 아니라 보지 말아야 할 것도 눈에 담았다. 어렵고 힘든 고비마다 맑고 고결한 군자의 도리를 다하려 했다. 덕을 쌓지 않았다면 어찌 그 힘든 질곡의 세월을 견뎌낼 수 있었겠는가.

세상이 혼탁할수록 자신을 내려놓기 어렵다. 때로는 길이 아닌 줄 알면서도 그 길을 택한다. 소나무는 눈바람에 부러진 가지를 스스로 치유하고 죽어서도 향기를 잃지 않는다. 인고의 세월을 참아낸 정자의 추녀마루가 마침내 고개를 든다. 솟을대문과 행랑채가 돌아오고 강나루에 사람이 북적인다. 나룻배를 손질하는 사공이 드나들고 말을 매던 홰나무에도 잎이 돋는다. 다시 문풍지 소리가 요란하다.

화전놀이

흑백 사진 한 장이 눈길을 잡는다. 반세기 전 모습이 고스란히 담겨있다. 꽃잎처럼 둥글게 모여 춤을 추는 아낙들의 얼굴에는 봄기운이 넘쳐난다. 맑은 물이 흐르는 몽돌 강변에 널브러진 무쇠 밥솥과 전을 부치던 솥뚜껑에는 아직도 열기가 남아있는 듯하다. 잊힌 줄 알았던 그날이 흑백 사진 속에서 되살아난다.

꽃이 봄을 불러왔다. 수정 같은 고드름이 녹아내리고 버들강아지가 눈을 뜨면 추위는 허물어지기 시작했다. 서걱대던 마른 억새가 쓰러지고 갈색 낙엽마저 차분해지면 빛바랜 산천에 생명의 기운이 가득 찼다. 뜬금없이 찬바람이 가끔 불지만 차오르는 땅의 온기는 누구도 쉽게 막을 수가 없었다. 봄을 맞이하는 개나리가 담벼락을 노랗게 물들이면 붉은 기운이 산천을 일렁인다.

앙상한 나뭇가지 사이로 드러난 겨울 산의 속살을 붉게 덮는 진달래다. 두견새가 자리를 옮겨가며 울고 난 자리에는 진달래꽃이 만발하게 피어났다. 비옥한 토질은 큰 나무에 다 뺏기고 척박한 곳에 자리 잡은 진달래는 진분홍과 연분홍 꽃을 피운다. 가장 먼저 봄소식을 전해주는 것은 아니지만 진달래만큼 피를 토하듯 산천을 붉게 물들이는 봄꽃은 없다. 전승의 깃발처럼 나뭇짐 꼭대기에 꽂힌 붉은 꽃 하나가 굳게 닫혔던 대문과 방문을 열고 처녀들 가슴을 울렁이게 만들었다.

봄은 힘든 계절이었다. 겨우내 얼고 녹기를 반복하던 보리가 하루가 다르게 초록을 더해 가면 쌀독은 여지없이 바닥을 드러냈다. 만물이 쑥쑥 자라는 봄이 깊어가고 햇볕이 두터워질수록 먹을 것이 없었다. 쑥과 냉이를 캐고 칡뿌리나 감자 같은 것으로 겨우 연명을 해야만 했다. 해마다 반복되는 춘궁기의 배고픔은 수천 년 반복되던 피할 수 없는 숙명 같은 것이었다.

겨울잠에서 깨어나면 한 해가 시작됐다. 끝날 것 같지 않던 추위가 물러갔다는 안도감인지 잘 참아냈다는 자신감인지 모두 밖으로 나왔다. 어떻게 지냈는지 서로의 안부를 묻고 살아 있음을 확인하는 날이었다. 어둡고 음침했던 긴 터널을 빠져나온 춘삼월 좋은 날, 젊은 아낙들은 생기 넘치는 봄기운을 넓은 강변에서 마셨다. 이날은 모두가 가족처럼 음식을 준비하고 먹고 마시며 즐겼다.

장정들이 먼저 자리를 잡았다. 큰 무쇠솥을 걸고 돌을 치우고 멍석부터 깔았다. 자리가 잡히면 청년들은 반두로 물고기를 잡거나 쇠메로 매운탕 거리를 잡았다. 반두는 퉁가리같이 기름기가 많은 기어 다니는 물고기를 떼로 잡고 쇠메는 돌 밑에 잠자던 피라미 새끼 같은 작은 물고기를 기절시켜 겨우 한두 마리씩 건졌다. 찬 기운이 남아있는 강물에 들어가 물고기를 잡는 어른들의 얼굴에는 생기가 넘쳐났다.

처녀들은 꽃잎을 따러 산으로 갔다. 진달래꽃은 어느 산기슭이든 지천으로 널려있었다. 처녀들은 벌 나비도 앉은 적이 없는 맑고 고운 꽃잎을 따자마자 자신의 입속으로 밀어 넣었다. 그렇게 봄을 먼저 맛보았다. 실컷 따먹어 배가 부르고 혓바닥이 자줏빛으로 변할 때쯤에야 소쿠리에 담기 시작했다.

솥뚜껑이 뜨겁게 달아오르면 전을 부쳤다. 까만 솥뚜껑에 펼쳐진 새하얀 쌀가루 전에서 갖가지 문양이 돋아났다. 붉은 진달래꽃이 송이송이 피어나면 초록의 미나리가 보색을 이루며 새로운 이파리가 되었다. 꼭 정해진 모양도 크기도 없었다. 꽃잎 하나만 있어도 꽃이 되고 여러 개가 동그랗게 둘러앉아도 꽃이 되었다. 아주머니들은 꽃잎으로 화전을 부치는 것이 아니라 어느 예술가처럼 봄을 연출하고 있었다.

아버지는 아침부터 바빴다. 강변에서 화전놀이가 있다는 방송을 수차례 반복했다. 이미 회의를 통해 모든 것을 알렸지만 많은 사람이 참석할 수 있도록 다시 방송을 했다. 뒷마당의 홰나무와 아래 각단의 검은 감나무에서 울려대는 마이크 소리에 골목은 조금씩 분주해졌다. 아이들도 떼 지어 강변으로 나가는 그날은 논을 갈고 모판을 준비하던 머슴들도 쉬는 날이었다.

어머니도 그 속에 있었다. 다른 아주머니들처럼 수다를 떨거나 소리 내어 웃지는 않았다. 남들이 박장대소를 할 때도 입꼬리만 약간 올라갈 뿐 크게 웃지는 않았다. 친척 아주머니들이 다가와 귓속말로 속닥거려도 같은 표정으로 하던 일만 계속했다. 험담을 하건 칭찬을 하건 좀처럼 내색을 하지 않는 게 몸에 밴 듯했다. 평소에도 남과 다투거나 싸움을 하지 않고 참는 편이었다. 그런 모습이 너무 답답해 왜 그렇게 사느냐고 물었더니 자식들에게 화가 미칠까 봐 그런다고 했다. 남들처럼 물려줄 것도 별로 없는데 나쁜 것을 물려줄 수는 없지 않으냐고 하면서 웃었다.

드디어 남자들이 풍물을 잡았다. 낮술에 취기가 오른 탓인지 요란스럽게 꽹과리를 치고 장구를 두드리기 시작했다. 먹고 떠들던 분위기는 순식간에 사라지고 너나없이 일어나 나름대로 춤을 추기 시작했다. 쇳소리가 고막을 울리고 장구 소리가 가슴을 파고들면 아재비도 조카도 없었고 그렇게 따지던 촌수도 없었다. 형식도 격식도 없는 원초적인 춤이 열기를 더해 가면 자연스레 만들어진 원무는 톱니바퀴처럼 천천히 돌아갔다. 그렇다고 아프리카 흑인들처럼 요란하고 현란하게 흔들어대거나 손가락을 주로 움직이는 동남아의 춤처럼 정적이지도 않았다. 출정을 앞둔 병사들처럼 해가 서산에 걸릴 때까지 지칠 줄 모르고 몸을 우쭐거리며 흔들었다.

놀이가 아니라 의식이었다. 긴 겨울을 이겨내고 살아남았음을 서로 확인하고 감사하는 자리였다. 농사일의 시작은 아무것도 할 수 없는 추운 정월이 아니라 모판을 만들고 다져진 땅을 갈아엎어 숨 쉬게 하는 춘삼월이었다. 외양간에서 살을 찌운 소들이 튼실한 엉덩이를 흔들며 천천히 들판으로 나가는 계절이 한 해의 시작이었다. 꽃으로 부침개를 부쳐 술을 먹고 노는 것이 아니라 서로가 양보하고 협조하며 잘 지내자는 하나의 다짐이었다. 농사는 혼자서 할 수 없는 힘든 일이기에 묵은 때를 씻고 새로운 기운을 받아 다 같이 상부상조하자는 무언의 약속이었다.

봄을 반기는 화전놀이가 고향에서 사라진 지 반세기가 넘었다. 새로운 기운을 받아 여름을 준비하고 서로의 안부를 확인하는 화전놀이는 사진 속의 사람들과 함께 사라졌지만 진달래꽃만 보면 선홍빛 꽃잎의 화전이 생각난다. 지난날의 허물을 덮고 새로운 출발을 위한 의식과도 같았던 놀이는 어디에서도 찾아보기 힘들지만 그때 불었던 봄바람은 지금도 해마다 불어온다.

흑백 사진을 들여다보고 있으면 어른들의 노랫소리가 점점 크게 들린다.

5부

문지방을 넘다

나는 공업고등학교에 진학했다. 무슨 과목을 배우고 어떤 실습을 하는지도 모르고 취직 잘되고 돈 잘 번다는 말에 기계과를 선택했다. 정확하게 말하면 선택한 것이 아니라 집안 환경이 그쪽으로 나를 몰아갔다. 담임 선생님의 만류에도 불구하고 내가 선택한 학교라 친한 친구들과 헤어져야만 했다.

오해

그림자 하나가 휙 지나갔다. 누군가 교실 뒷문으로 얼굴을 내밀었다 사라졌다. 교실 안을 살피다가 고개를 들자 숨어버린 것이다. 나는 모른 체하고 강의를 계속했다. 잠이 와서 세수하러 나갔나 싶어 자리를 둘러봤지만 빈자리는 없었다.

조금 일찍 수업을 끝냈다. 흰 와이셔츠에 검은 양복을 입은 청년이 복도에 서 있었다. 큰 키에 잘생긴 청년이 나를 보자 공손하게 인사를 했다. 선뜻 기억이 나지 않아 얼굴을 자세히 보려고 가까이 다가갔다. 졸업생이라면서 자신을 소개했지만 생각이 잘 나지 않았다. 찾아온 제자니까 우선 반갑게 수인사를 하고 내 연구

실로 가자고 했다. 발길을 돌리는 순간 아하! 생각이 났다. 그 청년은 오래전 내가 학과장을 할 때 문제 학생으로 낙인찍혀 졸업을 못 할 뻔했던 학생이었다.

회사 생활을 하다 학교에 온 지 얼마 되지 않았을 때다. 초임 교수답게 열정만 앞세우고 좌충우돌할 때였다. 선무당이 사람 잡는다고 학생들을 이해하기보다는 다그치고 밀어붙였다. 목표 달성을 위해 원칙만 앞세우는 회사 간부처럼 학생들을 대했다. 조금이라도 더 많은 것을 가르치고 싶은 마음에 쉬는 시간도 없이 강의를 계속할 때가 많았다. 수업 시간이 되기도 전에 교실에 들어가 책상부터 정리정돈 시켰고 책이 없는 학생은 바로 내보냈다.

내 과목은 전공필수에 3학점이라 모두가 긴장하는 수업이었다. 출석은 회사의 출근처럼 철저하게 관리했다. 지각은 수업 분위기를 흐리기 때문에 결석보다 엄격하게 처리했다. 복도에서 뛰어오는 소리가 들려도 기다리지 않고 출석을 불렀다. 나중에 없던 일로 해주는 한이 있어도 수업 시작 전과 후에 반드시 출석을 챙겼다. 자기 이름을 불러주고 눈을 마주치면 대부분 자세를 가다듬었다.

그날도 수업 시간보다 일찍 교실에 들어가 출석을 점검하다 중단했다. 갑자기 교실 분위기가 싸해졌다. 월요일 첫 시간부터 엎드려 자는 학생 때문이었다. 옆 사람을 시켜 깨웠다. 겨우 일어났지만 정신을 못 차리고 멍하니 앉아 있었다. 순간 일요일에 친구들과 놀면서 과음을 했거나 밤샘을 하지 않았을까 하는 선입관이 들었다. 수업이 끝날 때까지도 약에 취한 사람처럼 앉아 있었다. 수업하는 내내 신경이 쓰였지만 그날은 그렇게 넘어갔다.

그다음 주에도 똑같이 자고 있었다. 자세히 보니 이미 깊은 잠에 빠진 것 같았다. 복장도 일반 학생들과는 뭔가 달랐다. 까만 정장 바지에 소매가 긴 하얀 와이셔츠 차림이었다. 헝클어진 머리는 물에 젖은 것처럼 착 달라붙어 있었고 옆자리에는 검은색 정장 윗도리가 놓여 있었다. 도대체 뭐 하는 녀석이지 하면서 강의를 시작했다. 강의가 시작되면 또 쓰러져 잤다. 몇 번을 야단쳤지만 소용이 없었다. 가까이 가보니 술과 담배 냄새가 물씬 났다. 그냥 두면 안 될 것 같았다. 제대로 혼을 내야겠다고 마음먹었다.

내 수업 시간에 이렇게 대놓고 자는 학생은 처음이었다. 학점을 포기했거나 뭔가 나사가 풀린 학생이 아니면 그렇게 할 리가 없었다. 무슨 사정이 있는지 궁금했다. 쉬는 시간에 반 총대를 조용히 불러 왜 그러는지 물었더니 이름만 알 뿐 신상에 대해 아는 게 없다고 했다. 늘 혼자 다녀 친한 친구도 없었다.

다른 교수들도 말이 많았다. 그 반에 가면 자는 학생 때문에 강의 집중이 되지 않는다고 하소연하는 사람도 있었다. 아무래도 친구들과 어울려 밤새 게임을 하거나 술을 마시고 오는 것 같다고 귀띔을 해주었다. 아무리 타일러도 도무지 개선이 안 된다면서

야단이었다. 어떤 교수는 절대 학점을 주지 않을 거라고 단호하게 말했다. 학과 차원에서 벌을 주거나 조처를 해야 한다는 교수도 있었다.

수업이 끝나고 연구실로 불렀다. 수업 시간에 왜 자는지 몇 번을 물어도 고개를 숙인 채 말이 없었다. 슬그머니 화가 났다. 큰소리가 목구멍까지 올라왔을 때였다. 회사 다닐 때 노조 대의원과 대화를 했던 일이 생각났다. 먼저 화를 내면 진다는 것을 체험한 적이 있어 꾹 참았다. 한참 정적이 흘렀다. 학생은 들릴 듯 말 듯 낮은 목소리로 죄송하다는 말만 반복했다. 어떻게 타이르고 조치를 해야 할지 명쾌한 해답이 떠오르지 않았다. 섣불리 나서지 않고 가만히 듣고만 있었다.

내가 대학 다닐 때 깐깐하기로 소문난 노교수님의 말씀이 생각났다. 퇴직하실 무렵이었다. 평생 교직에 계시면서 가장 기억에 남는 일이 무엇이냐고 물었더니, 직장 다니느라 제날짜에 시험을 치지 못한 학생에게 F 학점을 주었던 일이라고 하셨다. 철야를 하고 찾아와 기회를 달라고 애원했지만 원칙대로 처리했다고 하셨다. 결국, 그 학생은 필수과목 학점누락으로 대학 중퇴자가 되었고 제때 승진도 못 했다고 했다. 융통성 없는 원칙이 평생 후회로 남더라고 하셨다. 그 말이 자꾸 떠올랐다.

나도 학창 시절에 방황하던 때가 있었다. 제대로 진로를 정하지 못하고 힘들어할 때 잘 이끌어준 선생님이 계셨다. 가끔 친구들과 함께 찾아뵙다가 요즘은 좀 뜸하지만 학생들과 면담을 할 때마다 보이지 않게 신경 써 주던 그분이 생각났다.

드디어 입을 열었다. 그 학생은 밤에 아르바이트한다고 했다. 아쉬운 것 없이 잘 지내다 외환위기로 회사가 무너지자 부모는 이혼했고 친척집에 얹혀살면서 자신과 동생의 학비를 번다고 했다. 하는 일은 나이트클럽 웨이터였다. 초저녁부터 새벽까지 술시중을 들고 바로 학교로 와 교실에서 자고 있었던 것이다. 그 말을 듣고 나니 술과 담배 냄새의 수수께끼도 풀렸다. 어떻게 해서라도 졸업장은 꼭 받고 싶다고 했다. 할말을 다 한 학생의 눈에는 눈물이 고여 있었다. 나도 이야기를 듣는 내내 천장만 쳐다봤다.

그때 졸업한 학생이 중견 기업의 관리자가 되어 내 앞에 나타난 것이다. 동생도 학업을 정상적으로 마쳤고 집안도 잘 정리되어 이제는 부러울 것이 없다고 하면서 졸업식 때 고맙다는 말을 전하지 못해 찾아왔다고 한다. 까맣게 잊고 있던 제자가 이렇게 찾아온 것이다.

제자를 보니 마음에만 담아두고 몇 해 동안 찾아뵙지 못한 선생님이 생각난다. 올해도 벌써 가을이 다 지나갔다. 해가 갈수록 마음만 바빠진다.

소쩍새 우는 밤

소쩍새가 목이 쉰다. 폭포 소리를 이겨내려는 명창의 득음처럼 쉰 목소리를 낸다. 초저녁부터 능선을 따라 애절한 소리를 내더니 끊어졌다 이어지는 메아리는 자정이 지나도 계속된다. 얼마나 울었는지 피를 토한 소리꾼의 굳은살 목청처럼 쇳소리가 난다.

밤이 삼경을 지나간다. 어둠을 뚫고 간간이 들리던 웃음소리가 들리지 않는다. 어디선가 들려오던 아이들의 떠드는 소리와 술 취한 사람의 큰 소리도 잦아든 지 오래다. 나뭇가지에 비스듬히 걸쳐있던 조각달마저 갈참나무 숲으로 사라지자 산자락이 깊은 어둠에 빠져든다. 검푸른 하늘에 맞닿은 산자락은 바람 한 점 없이 고요하다.

여름밤이 점점 식어간다. 따가운 햇볕이 온종일 계속되는 날이면 밤이슬이 비처럼 내린다. 풀섶에 내린 어둠이 그나마 열기에 달아오른 세상을 식혀준다. 모두가 밤의 한기를 피해 자취를 감추자 야경꾼 같은 소쩍새가 홀로 숲을 지킨다. 할말이 많은지 무서워서 그런지 자리를 옮겨가며 적막한 밤공기를 흔든다. 누구도 귀 기울이지 않는다는 것이 서운한지 끊임없이 나무를 옮겨 다니며 울다 그치기를 반복한다.

유년 시절 수없이 산에 갔지만 한 번도 소쩍새 소리를 들어본 적이 없었다. 나무를 하러 가거나 소 먹이러 갔을 때도 소쩍새 소리는 들리지 않았다. 야행성이라 낮에는 잠을 자고 밤에만 활동을 하는지 볼 수가 없었다. 야행성 맹금류인 부엉이나 올빼미는 박제처럼 나무에 앉아 졸거나 가끔 집 근처까지 내려와 자신의 존재를 알려주지만, 소쩍새는 어느 시인의 말처럼 국화꽃을 피우기 위해 꽃을 찾아갔는지 모습을 잘 드러내지 않았다.

소쩍새 소리가 점점 희미해져 간다. 아무래도 능선을 타고 다른 계곡으로 옮겨가고 있는 것 같다. 날이 밝기 전에 하고 싶은 말을 다 하고 싶은 건지 확실하지도 않은 발음과 장단으로 끊임없이 울어댄다. 꾀꼬리처럼 화려한 운율과 발성으로 노래를 하는 것도 아니고 맑고 깨끗한 목소리를 자랑하는 것도 아니지만 벌써 몇 시간째 옮겨 다니며 뭔가를 말한다. 온 힘을 다해 풍년인지 흉년인지를 알려 주지만 술잔을 마주한 사람들은 아무도 귀를 기울이지 않는다.

여행에서 가장 기대되는 것은 밤이었다. 도회지보다 공기가 맑고 깨끗한 큰 산이 많은 곳이라 별빛이 쏟아지는 밤하늘을 즐길 수 있을 것 같았다. 유년 시절 평상에 누워 은하수를 쳐다보며 밤이슬에 젖었던 그 밤이 기다려졌다. 다른 곳에서 공부하는 수필가들과 어울린다고 약간은 들떠 있었다. 플래카드를 달고 음식을 운반하는 사람들의 등은 벌써부터 땀에 젖어 있었다. 초저녁부터 수영장 근처로 삼삼오오 모여들었다.

문학의 밤이 시작되었다. 여느 문학 행사처럼 시와 수필 낭송에 이어 가야금과 통기타 연주가 이어졌고 재주 많은 문우의 재능이 여과 없이 발휘되었다. 글을 쓰는 사람들은 원래 이렇게 끼가 넘치는가 싶을 정도로 다양한 프로그램이 매끄럽게 진행되었다. 한참 분위기가 무르익어갈 무렵 갑자기 사회자가 무대로 불렀다. 프로그램에 없는 돌발적인 상황이었다. 나는 머뭇거리다 무대로 올라가 즐겨 부르는 단가 〈사철가〉를 불렀다. 한 손에 말아진 종이를 부채 삼아 하늘을 찌르고 목청을 흔들었다. 장단을 맞추고 추임새를 넣어주는 고수는 없지만 소쩍새처럼 밤새 노래를 부르고 싶었다.

공연이 끝나자 잠을 자기에는 시간이 아깝다며 문우 몇 명이 옥상에 모였다. 밤하늘 별빛이 희미해질 때까지 소쩍새가 울어대도 애써 못들은 척하며 떠들어댔다. 순찰하듯 주위를 돌면서 몇 번이나 애절하게 말했지만 수영장을 배경으로 벌어진 이야기판에는 끼어들지 못했다. 전등불이 사라진 지 오래였지만 무슨 할말이 많은지 몇 시간째 어둠 속을 떠나지 않았다. 밑도 끝도 없는 말은 산모기의 무차별 공격에도 아랑곳하지 않고 진지했다. 술잔도 제대로 찾을 수 없는 어둠이 편안하게 했다. 상대방 표정에 신경 쓸 필요가 없으니 생각과 주장을 거리낌 없이 말할 수 있어서일까 주제도 부제도 없는 토론은 끝없이 이어졌다.

글 쓰는 이야기는 폭포처럼 쏟아졌다. 말하고 싶어서 어떻게 참고 있었나 싶을 정도로 말을 풀어나갔다. 가만히 듣고 있으면 모두가 최고의 수필가나 평론가가 된 것 같았다. 장님 코끼리 만지듯 어느 한 부분만 만져보고도 마치 다 본 것처럼 나름대로 수필을 정의하고 난맥을 설파했다. 어차피 잘 아는 사람이 없으니 다양한 의견이 이어졌다. 늦게 입문했지만 열심히 대화에 들락거렸더니 금방 밑천이 드러났다. 매주 같은 공간에서 공부하는 문우들이라 거리낌이 없었다.

삼경이 훨씬 지나도 이야기는 끝나지 않았다. 할말 많은 소쩍새 소리가 끊어질 만하면 다시 이어진다. 경쟁하듯 울어대던 풀벌레

마저도 잠잠한 야심한 시간에 소쩍새가 또 끼어든다.

할말을 다 하고 사는 사람은 없다. 가슴에 피멍이 들고 멍울이 굳어가도 하고픈 말을 다 할 수 없지만 때로는 소쩍새처럼 목이 쉴 때까지 말하고 싶을 때가 있다. 설사 날이 밝으면 아무 기억이 나지 않는다고 해도 어둠을 뚫고 토해내고 싶을 때가 있다. 거창의 한여름 밤은 그렇게 지나가고 있었다.

닭죽

덜컹거리는 문부터 잠근다. 놀란 가슴을 쓸어내리며 작은 유리를 통해 바깥을 내다본다. 달빛 가득한 마당에는 아무 일도 없었다는 듯 정적만 흐른다. 떨리는 가슴을 진정시키려 해보지만 쉽게 가라앉지 않는다. 개 짖는 소리가 잦아들자 다르르 떠는 문풍지 소리가 유난히 크게 들린다.

삽짝이 조금 열려 있다. 당장 닫고 싶지만 문밖을 나갈 수가 없다. 할아버지와 형님이 신발도 제대로 신지 않고 달려 나가며 닫지 않은 문이다. 금방이라도 누가 뛰어 들어올 것 같아 골목을 향해 눈을 고정한다. 밤에는 절대 유리를 통해 밖을 내다보지 말라고 했지만 어쩔 수 없다. 방안의 움직임이 창호지에 실루엣으로 나타날까 봐 호롱불을 구석으로 옮긴다.

호롱불이 파르르 떤다. 얼마나 놀랐는지 주황색 불꽃이 휘청거린다. 온몸을 비틀며 머리를 풀어헤친 듯 검은 연기를 토해낸다. 동생들도 놀란 토끼처럼 서로 쳐다볼 뿐 말이 없다. 바깥에서 나는 소리를 놓치지 않으려고 귀를 쫑긋 세운 채 문에서 눈을 떼지 못한다. 긴장된 마음으로 마당의 움직임을 살피고 골목에서 나는 소리에 귀를 기울인다.

집을 뛰쳐나간 지 한참 되었다. 검은 물체를 쫓아 뛰어가는 발소리가 희미해진 지도 제법 시간이 지났다. 달아나는 도둑을 잡으러 뛰어가는 소리에 놀란 뒷집 개가 자지러지게 짖어대더니 언제 그랬냐는 듯 조용하다. 반쯤 열린 삽짝이나 닭장 문이 신경 쓰이지만 선뜻 방문을 열 수가 없어 그냥 기다렸다. 겁에 질려 후다닥거리던 닭들도 이제는 조용하다.

얼마 전 뒷집에서 소를 도둑맞았다. 여물을 주러 나왔더니 외양간에 소가 없더라는 것이었다. 새벽 네 시에 아주머니가 우리 집으로 달려왔다. 고요한 새벽 공기를 요란하게 울리는 다급한 징소리가 마을을 덮었다. 비상 상황이라는 것을 감지한 동네 사람들이 삽시간에 모여들었다. 자다가 일어났지만 눈을 비비거나 하품을 하는 사람은 보이지 않았다. 대부분 불이 난 줄 알고 나왔다가 소를 도둑맞았다는 말에 일단은 안도의 한숨을 쉬었다.

바로 조 편성을 하고 어디로 갈 것인가를 결정했다. 멀리 못 갔을 거라 판단하고 쇠장이 있는 곳으로 흩어졌다. 마당에 모였던 사람들이 빠져나가자 동네는 다시 조용해졌다. 청년들은 장터로 향했지만 할아버지는 산으로 가야 한다고 했다. 예감은 적중했다. 모두 허탈한 모습으로 돌아왔다. 아무런 흔적도 찾지 못하고 돌아왔을 때는 이미 해가 중천에 있었다. 며칠 후 뒷산에서 쇠가 죽만 무더기로 발견되었다는 이야기를 들었다.

한참 후에 할아버지와 형님이 돌아왔다. 허탕이었다. 뭔가 삽짝을 빠져나가 뒷골목으로 뛰는 것을 보고 따라갔지만 잡지는 못했다. 멀리 들판을 질러가는 검은 물체를 보았지만 순식간에 사라졌다고 했다. 그리고 아무리 찾아도 보이지 않더라는 것이었다. 한 번도 그런 일이 없었는데 뭔가 이상하다는 말만 계속했다. 운동을 많이 한 형님은 잡히기만 하면 요절을 낼 것처럼 나갔지만 그림자도 보지 못했다고 했다.

그 무렵, 닭을 잃었다는 집이 많았다. 들일을 마치고 들어오면 닭이 없어졌다며 찾아다니는 사람들이 늘었다. 하루가 멀다고 다른 동네에서도 도둑이 들었다는 소리가 들렸다. 조용하던 마을에 흉흉한 소문이 돌기 시작했다. 어느 날 도둑이 잡혔다는 소리가 들렸다. 날마다 산에서 통째로 닭을 구워 먹은 사람은 내가 잘 아는 동네 형이었다. 경찰이 잡아갔는지 도망갔는지 다시는 모습을 드러내지 않았고 본 사람도 없었다. 몇 년이 지나고 어디서 죽었다는 소문만 들렸다.

시골 닭은 주로 벌레를 먹고 자랐다. 사료로 키우는 것이 아니라 방사를 하던 시절이었다. 달걀은 어려운 살림에 보탬이 되었고 때가 되어 팔면 제법 돈을 만질 수도 있었다. 아침에 닭장 문을 열어 주면 집 안팎을 돌아다니며 지렁이나 굼벵이를 먹다가 해 질 무렵이면 보금자리인 횃대에 올라갔다. 병아리 때부터 날마다 보아온 터라 어느 집 닭인지 금세 구별할 수 있을 정도였다.

두 마리가 없어졌다. 그 닭은 그냥 닭이 아니었다. 어쩌다 친척들이 준 용돈을 모아 달걀을 사서 부화시킨 나의 희망이었다. 어미닭이 품고 있을 때는 하루에도 몇 번씩 들여다보며 병아리가 나오기를 기다렸다. 솔개가 하늘에 나타나면 어쩔 줄 모르는 병아리를 지켜주기도 했다. 언젠가 영화에서 본 것처럼 닭이 염소가 되고 염소가 돼지가 되어 새끼를 낳으면 송아지도 살 수 있을 거라 생각했다. 그런 상상을 하고 있으면 구름 위에 떠 있는 것 같았다. 분신처럼 기른 닭을 도둑맞았다는 말에 눈앞이 흐려졌다.

날이 밝자마자 닭장 문을 열었다. 아무도 모르게 조심스럽게 다가가 문을 열었다. 겁에 질린 닭들은 자꾸 구석으로 몸을 피했다. 어제까지만 해도 문을 열면 반갑게 튀어나오더니 더 높은 횃대 위로 자꾸 도망을 갔다. 부르기만 하면 얼른 다가오던 닭들이 이제는 사람을 무서워하는 것 같았다. 자다가 당한 일이라 아직도 충격에서 헤어나지 못하는지 사방을 두리번거렸다. 몰래 집어온 쌀을 보여주며 불러도 좀처럼 닭장에서 나오지 않았다.

아침밥을 먹는 내내 아무도 닭에 대한 말을 하지 않았다. 아버지와 어머니는 전혀 모르고 있었다. 전날부터 친척 잔치에 일을 도와주러 갔다가 새벽녘에야 돌아왔다. 그때만 해도 신부집에서 혼례를 올리면 사흘 정도는 잔치가 계속되었다. 아버지는 멀리서 온 하객들과 밤을 새우며 즐기다가 새벽에 돌아왔다. 문중 대소사를 내 일처럼 여기고 촌수가 가까운 친척이라 온종일 그 집에 있었다.

아버지는 어제 결혼식 이야기만 했다. 어디서 누가 왔다는 이야기를 하면서 돼지도 잡고 음식도 푸짐하게 준비해 하객들이 만족해하고, 새벽까지 술을 마셨지만 닭죽까지 끓여 주는 바람에 속이 쓰리지 않다는 말까지 덧붙였다. 친척집은 들판 가운데 외딴집이라 닭은 키우지도 않았다.

도둑을 뒤따라가던 할아버지는 들판에서 되돌아올 수밖에 없었다.

붉은 산

비만 오면 시뻘건 황토물을 토해냈다. 붉은 속살이 드러난 뒷산은 오랫동안 상처를 안고 있었다. 장꾼들과 농사짓는 동네 사람들이 날마다 산길을 오갔지만 산에는 관심이 없었다. 수많은 주검을 품고 있던 붉은 산에 도굴꾼이 몰려들었다. 성한 곳 없이 파헤쳐진 상처를 지켜보기만 할 때 엽서 한 장을 받았다.

만신창이 되었던 산이 점차 모습을 찾는다. 참호처럼 파헤쳐진 도굴 흔적이 빗물에 메워지고 널브러진 토기 조각들은 풀숲에 묻힌다. 다시는 제 모습을 찾을 수 없을 만큼 깊은 상처였지만 천천히 봉합되고 있다. 형체를 알아볼 수 없을 만큼 난도질당했던 그곳에도 풀과 나무가 자랐다. 긴 세월 품고 있던 사연들이 대부분 사라졌지만 시간이 겉모습을 되돌려놓는다.

유난히 붉은 뒷산은 고대국가의 고분군이었다. 수 세기 동안 무덤 옆에 무덤을 만들고 무덤 위에 또 무덤을 썼다. 내세의 부활을 믿었는지 강돌을 가져와 공간을 만들고 토기와 철제무기와 농기구를 함께 묻었다. 삼한 시대에 만들어진 다양한 형태의 옛 무덤에는 까맣게 변해버린 곡식의 흔적도 남아 있었다. 넓고 큰 돌로 만든 적석총이나 석곽 고분에는 고급 장식품이나 유물이 많았지만 작은 무덤에는 토기 몇 점만 묻혀 있었다.

뒷산은 한때 아이들의 놀이터였다. 땔감으로 나무를 베어낸 산은 털 빠진 들고양이처럼 군데군데 민낯을 드러내고 있었다. 한국전쟁 때 파 놓은 참호가 병정놀이에는 안성맞춤이었다. 아무도 가르쳐 준 적 없지만 황토에 뒹굴고 포복을 하면서 해 가는 줄 모르고 놀았다. 바닥에 널브러진 토기 조각에 상처가 나면 흙이나 송진 가루로 지혈을 시켰다.

어느 날, 산에서 구슬을 주웠다. 그날 이후 소나기가 그치면 산으로 갔다. 어디에 사용되었는지 알 수 없는 구슬이 빗물에 씻겨나간 산비탈에 흩어져 있었다. 흙탕물이 산비탈을 타고 쏟아지거나 장마가 끝나는 날에는 많은 구슬이 모습을 드러냈다. 대부분 황옥석이었지만 투명한 수정이나 옥구슬도 있었다. 주판알 같은 육각 황옥석과 굼벵이처럼 생긴 푸른 옥석에는 조그만 구멍이 뚫려 있었다. 작고 앙증맞게 생겼지만 정확한 이름을 알지 못해 그냥 구슬이라 불렀다.

주운 구슬에 대해 아는 것은 아무것도 없었다. 어떤 사람의 의관이었는지 귀족들의 노리개용이었는지 알려고도 하지 않았다. 오직 돈과 연관이 있는 개수와 크기에만 관심이 있었다. 작은 것은 건빵 한 봉지, 큰 것은 고급 카스텔라 한 개 값이었다. 과자를 사 먹을 생각에 주울 때마다 심마니처럼 큰소리를 질렀다. 체격이 작아 운동은 못하면서도 구슬은 유난히 잘 줍는 친구도 있었다. 구슬을 주울 때면 아이들은 눈빛부터 달라졌다.

가끔 구슬을 사러 오는 노인이 있었다. 납작모자를 쓴 노인의 복장은 남루했고 걸음걸이도 힘들어 보였지만 인상은 부드러웠다. 올 때마다 이장집이었던 우리 집부터 들렀다. 그때마다 어머니는 찬이 별로 없는 밥상을 내왔다. 된장찌개를 먹을 때마다 몇 십 년 전에 먹던 맛이라며 보리밥 한 그릇을 다 비웠다. 마루에 걸터앉아 식사하면서도 늘 붉은 산을 바라보았다.

어느 날부터 도굴꾼들이 몰려왔다. 토기도 돈이 된다며 밤낮을 가리지 않고 쇠꼬챙이로 땅을 찔러댔다. 자고 나면 늘어나는 웅덩이 같은 도굴 흔적에 토기 파편이 흩어져 있었다. 돈맛을 알게 된 동네 아이들은 전문 도굴꾼보다 더했다. 남의 집 뒤란은 물론이고 마당까지도 무지막지하게 들쑤셨다. 담이 무너지든지 울타리가 망가지든지 관심이 없었다. 도시에서 공부하다 잠시 들렀던 마을 형님들도 합세했다. 매일 친구들과 놀았던 뒷동산은 비가 올 때마다 핏물 같은 붉은 흙탕물을 토해냈다.

중학교 때 역사를 배우면서 도굴이 무엇인지 알았다. 국사 선생님을 찾아가 그간의 일을 말씀드렸더니 방과 후 같이 가자고 했다. 무덤의 형태나 토기의 역사적 가치에 대한 이야기를 들으며 오 리가 넘는 길을 걸었다. 들으면 들을수록 너무 늦었다는 생각뿐이었지만 어쩔 수가 없었다. 산에 도착하자마자 도굴 흔적을 찾아다니며 지금까지 보았던 것을 자세하게 설명했다. 선생님은 한참 둘러보시더니 파편 몇 개를 주워갔다. 무슨 대책이나 조치를 기대했지만 그것이 끝이었다.

국립대학교 박물관장에게 편지를 썼다. 한 번도 본 적 없는 교수님이었지만 도굴을 방지할 수 있는 어떤 조치가 있지 않을까 싶었다. 그동안 보았던 도굴 현장과 발굴된 유물 등을 설명했더니 얼마 지나지 않아 답장이 왔다. 관제엽서에는 국한문 혼용체로 간단하게 몇 자 적혀 있었다.

"김 군에게. 지금은 예산이 없어 당장 발굴할 수가 없으니 김 군이 잘 지켜주기 바란다. 그리고…."

온몸에 힘이 쭉 빠졌다. 나중에 알았지만 그분은 일본 유학

시절에 배운 측량 발굴 방법을 최초로 국내에 전파한 유물 발굴의 최고 권위자였다. 주로 국보급 문화재 발굴을 지휘하는 분이라 여기까지 신경을 쓸 수 없었다.

고분의 장수 비결은 허술한 외형이다. 번듯한 봉분의 고분은 언제 누구에게 당했는지 모르지만 대부분 빈 무덤이었다. 누구도 예상치 못한 허술한 무덤에서 귀중한 보물이 나오는 경우가 많았다. 귀한 유물은 늘 예상치 못한 곳에서 쏟아져 나왔다. 폭풍처럼 도굴꾼들이 훑고 지나간 뒷산은 문화재 도굴 뉴스의 자료 화면으로 자주 등장했다.

민둥산이 제법 푸르게 변했을 때 느닷없이 발굴이 시작됐다. 날마다 대학 발굴단이 떼 지어 올라가면 이미 구석구석 다 파냈는데 무엇이 나오겠냐며 동네 사람들이 비웃었다. 그러나 그게 아니었다. 국내에서 처음으로 군주를 상징하는 세 발 달린 청동솥이 나오고 다른 지역에서 잘 볼 수 없는 수많은 철제 도구와 토기들이 쏟아졌다. 몇 차례에 걸쳐 발굴된 유물들은 국립중앙박물관과 주변 대학 박물관에 전시되었다.

무엇이든 제자리에 있을 때 빛이 난다. 마음대로 들춰낸 진열장 속의 유물들이 다시 뒷산으로 돌아올 수는 있을는지. 그때 그 유물들이 어디서 어떻게 지내는지 궁금한 김 군은 요즈음도 무시로 붉은 산을 올려다본다.

쇠종과 당목

물비늘처럼 다가온다. 울림은 고막보다 가슴에 먼저 와 닿는다. 전신의 떨림으로 불음을 전한다. 끊어질 듯 이어지는 맥놀이가 밀물처럼 몰려왔다가 조용히 빠져나간다. 가슴속 종소리가 물결처럼 넘실거리며 사방으로 퍼져간다.

울림은 소리가 아니다. 세찬 충격을 참느라 토해내는 신음 소리이다. 추녀 끝 작은 풍경이나 종각의 큰 범종은 스스로 울리지는 않는다. 요령이나 워낭처럼 작은 종은 흔들리는 추가 떨게 하고 풍경은 미풍에도 댕그랑거리며 그윽한 소리를 낸다. 큰 종은 나무 둥치인 당목의 힘찬 기운이 진동을 만든다. 하지만 범종은 그렇지 않다. 천지가 요동치는 세찬 바람에는 돌부처처럼 꿈쩍하지 않지만, 누군가의 간절한 바람이 전해지면 엄숙하고 장중한 소리로 화답한다. 불전 사물 중에서도 가장 깊고 먼 곳까지 불음을 전한다.

범종은 운판, 법고, 목어와 중생을 제도하는 법구사물의 하나로 금속공예의 대표적 걸작이다. 독을 거꾸로 엎어 놓은 것처럼 위아래는 좁고 중간 부분을 불룩하게 만든다. 추를 사용해 소리를 내는 서양종과는 모양부터 다르다. 강한 청동으로 만든 종을 쇠망치 같은 추로 때리면 소리가 경박하고 수명도 오래가지 못한다. 꽹과리도 징도 두드리는 채는 충격을 줄여주는 나무를 사용하거나 더 부드러운 천을 감는다. 그래야 부드럽고 여운이 긴 소리를 만든다.

에밀레종이 침묵하고 있다. 천년이 넘도록 서라벌을 울렸던 종은 천장에 매달려 있고 빛바랜 당목은 쇠사슬에 몸을 의지하고 있다. 태어나면서 자신의 붉은 색을 잃어버린 종신은 검푸른 녹물이 덮고 있다. 이제는 매달려 있는 것도 힘들어 보인다. 가만히 종을 바라보고 있노라니 어디선가 종소리가 들린다. 장엄함도 맥놀이도 없는 젊은 가수들의 립싱크 같은 소리만 전해온다. 녹음과 재생을 거친 소리라 그런지 여운이 없는 소음처럼 들린다. 왜 이런 소리를 들려주는 걸까. 차라리 종을 바라보며 마음껏 상상이나 하게 하지.

가장 오래된 상원사 동종은 8세기 통일신라시대에 만들어졌다. 이미 제 몫을 다했다는 듯이 종각 안에만 있다. 소리를 내지 않은 지 오래되었다. 에밀레종보다는 작지만 그래도 크기가 만만치 않다. 퇴역 선수처럼 제 기량을 발휘할 수는 없지만 그 기개가 느껴진다. 최초의 종은 아니지만 에밀레종의 탄생 과정을 지켜보았다. 수많은 실패와 고난의 과정을 여과 없이 지켜보았다.

범종은 당좌에서 소리가 시작된다. 어머니의 영양분이 아기에게 전해지는 배꼽 같은 부분이다. 배꼽처럼 종의 하단부에 자리 잡은 동그란 연꽃 문양을 통해 힘과 기가 전해진다. 당좌를 통해 전해지는 충격 에너지가 소리를 만든다. 울림이 없는 종은 종이 아니다. 천장에 매달려있는 큰 쇠붙이에 지나지 않는다. 범종은 당좌를 통해 전해지는 힘을 새로운 파동으로 토해낸다. 종의 모든 기를 흡수하는 당좌가 너무 크거나 작아도 원하는 소리를 내지 않는다.

충격을 쉽게 받아들이지 못한다. 날마다 반복되는 타종 시기가 다가오면 마음의 준비부터 한다. 단단한 당목이 천천히 흔들리면 소름이 돋지만 참고 견딘다. 피할 곳도 달아날 곳도 없기 때문이다. 마음대로 흔들리거나 움직일 수 없는 당좌는 일방적으로 다가오는 당목의 눈치만 살핀다. 작은 충격이라도 반복되면 고통은 배가 된다. 가랑비에 옷 젖는다고 작은 펀치라도 여러 번 맞다 보면 눈두덩이 붓고 터지는 격이다. 아무리 강한 것도 피로가 쌓이면 견디지 못하고 무너진다. 타종 시간이 다가오면 긴장되지만 의연한 척한다. 범종의 체면 때문이다. 당목의 진폭을 가늠하며 숨죽여 바라보다 속도와 진폭이 커지면 눈을 감는다.

당목도 아프기는 마찬가지다. 체중을 싣는 것도 모자라 가속을 붙여 들이받는데 몸이 성할 리가 없다. 서로 머리가 부딪치면 상대방이 더 아프겠지만 자신의 머리도 아프기는 마찬가지다. 박치기로 유명한 레슬링 선수도 심한 후유증에 시달리는 것을 본 적이 있다. 그렇다고 지레 겁을 먹고 머뭇거리거나 잔재주를 피우면 종소리가 아닌 소음이 난다. 자연스럽게 타종을 해야 충격이 적고 울림도 길게 이어진다. 종을 생각해 너무 작은 당목을 사용하면 울림이 없고 너무 크면 종신이 견디지 못한다. 크기도 중요하지만 나무도 잘 선정해야 한다. 박달나무처럼 단단하고 대나무같이 질긴 나무가 맑은 소리를 낸다.

그 충격은 만만치가 않다. 당좌에 전해진 충격의 파장이 물결처럼 번져나간다. 보이지 않는 청동의 작은 입자들이 제자리를 지키지 못하고 좌충우돌한다. 힘에 밀려 세포 같은 입자들이 부딪치면 소리가 나고 파장이 간섭되면 맥놀이가 만들어진다. 강약을 반복하는 그 떨림은 구리와 주석 원자들의 절규인지도 모른다. 아비규환의 수라장이 되어야 장엄한 울림이 사방으로 퍼져 나간다.

좋은 종소리는 맑고 여운이 길고 뚜렷한 맥놀이가 있어야 한다.

청동으로 만든다고 그 소리가 나는 것은 아니다. 종에 사용된 합금, 쇳물의 냉각 속도, 종의 형상, 두께 분포 등과 관계가 있다. 종소리는 진폭이 큰 반경 방향의 진동이 좌우한다. 진폭은 종의 하부를 타종할 때 가장 크고 상부로 올라갈수록 종소리가 작아진다.

이제는 서로 무관심하다. 평생 치고받더니 개 닭 보듯 한다. 가까이 오지도 다가가려고도 하지 않는다. 미동도 하지 않는 범종이나 쇠사슬에 몸을 의지한 당목이나 조용히 쉬고 있다. 혹시 예전으로 돌아갈까 봐 서로 눈도 마주치지 않고 눈치만 살핀다. 이제는 소리를 내지 않는다. 수많은 중생을 치유하던 울림을 잊어버렸을까. 아니면 소리를 잃어버렸을까. 지금은 다 비우고 그냥 침묵을 지킨다.

사람도 마찬가지다. 젊은 날 아등바등 살았다. 가족을 지키느라 질곡의 세월을 거쳤다. 뜻이 맞지 않아 티격태격하면서도 서로 의지하고 살았다. 때로는 충돌도 있었다. 나이가 들자 말이 줄어든다. 지난날을 생각하면 할 말이 왜 없겠는가. 말이 없어도 상대방을 파악할 수 있고 말을 해도 별 소용없다는 것을 잘 알기 때문이다. 이제는 그저 옆에 있는 것만으로도 족하다.

모든 것은 돌아간다. 어딘지 알 수 없지만 본래 자리로 돌아간다. 백 년이든 천 년이든 존재는 무한한 시공에 비하면 찰나에 지나지 않는다. 범종도 인간도 윤슬처럼 반짝일 뿐이다.

국수 이야기

Ⅰ. 마지막 국수

한여름 물국수는 별미였다. 뜨거운 햇볕에 흘린 수분을 보충하고 빠르게 배를 채울 수 있었다. 실타래 같은 하얀 국수가 뜨거운 국물에 사르르 풀어지는 것만 봐도 침이 절로 넘어갔다. 별다른 고명도 없는 국수 그릇은 금세 바닥을 드러냈다.

여름만 되면 마당에 솥을 걸고 국수를 삶았다. 해가 서산에 넘어가기도 전에 물을 가득 붓고 불을 지폈다. 화력이 좋은 장작보다는 삭정이나 밀짚이 좋았다. 용천같이 물이 끓기 시작하면 빳빳한

국수를 잽싸게 펼쳐 넣고 주걱으로 휘휘 저었다. 어느 정도 삶아졌다 싶으면 찬물에 헹구고 실타래처럼 말아 소쿠리에 담았다.

우리는 쪼그리고 앉아 지켜보았다. 어머니는 아무리 바빠도 몇 가닥을 손가락에 돌돌 말아 입에 쏙쏙 넣어 주었다. 제비 새끼처럼 받아먹고는 깡충깡충 뛰면서 마당을 한 바퀴 돌고 또 앉았다. 야단을 치면서도 국수를 입에 또 넣어 주었다. 무슨 음식이든 어른이 먼저 맛보던 시절이라 눈치껏 몰래 챙겨주는 국수가 정말 맛있었다.

나는 멸치 다시물이 싫었다. 퉁퉁 불은 멸치를 버리지도 먹지도 못하고 눈치만 살폈다. 국물을 부을 때마다 멸치를 좀 빼달라고 볼멘소리로 투정을 했다. 가끔은 물컹한 멸치가 싫어 비빔국수를 만들어 먹었다. 고추장을 한 숟갈 넣고 비비다 보면 갑자기 참기름 한 방울이 뚝 떨어졌다.

직접 키운 밀로 만든 국수는 회색이었다. 면발도 가늘고 눈처럼 하얗게 보이는 배급 밀가루 국수가 먹고 싶었다. 어른들은 면발이 굵고 거친 우리밀이 좋다고 했지만 나는 싫었다. 나는 면발이 매끄러운 윗집 국수가 훨씬 좋아 보였다. 한동안 국수를 먹지 않았다. 다른 사람들과 가도 혼자 밥을 시킬 때가 많았다. 하루 세 끼 밥을 챙겨 먹었지만 보리밥은 싫었다. 몸에 좋다느니 건강식이니 하지만 지금도 그쪽하고는 가급적 인연을 끊고 산다.

하얀 국수를 보면 큰형님이 생각난다. 스무 해 전, 뜨거운 열기가 맹위를 떨치던 한여름이었다. 밤새 무섭게 몰아치던 폭우가 지나간 아침에 큰형님의 전화를 받았다. 같이 가야 할 곳이 있으니 좀 오라고 했다. 전화를 끊고 바로 큰집으로 갔다. 악을 쓰며 더위를 불러오는 매미 소리가 왠지 불안하게 들렸다. 혹시나 무슨 큰일이 있는 것을 아닐까 하면서도 애써 마음을 다잡았다. 신호등 몇 개만 지나면 되는 짧은 거리지만 온갖 생각이 다 들었다.

큰형님은 지명을 넘기자 곧바로 큰딸을 시집보냈다. 둘째 딸은 전공을 바꿔 다시 대학을 다녔고 막내아들은 대학을 다니다 입대를 했다. 한숨 돌린 큰형님은 힘들었던 유년 시절을 되새김질하며 새로운 인생을 설계했다. 정년퇴직을 앞두고 전국 일주용 신형 차를 계약하고 고향 집도 다시 짓는다고 하면서 들떠 있었다. 모든 것이 순조롭게 잘 진행되었다. 어려움을 이겨낸 보상 같아 지켜보는 내 마음도 한결 가벼웠다.

언제부턴가 입버릇처럼 피곤하다 했다. 그래도 모두 귓등으로 들었다. 어떻게 해줄 수 있는 것이 별로 없어 보약으로 해결하려 했지만 전혀 효과가 없었다. 동네 병원을 전전하다 결국 큰 병원에서 정밀검사를 받았다. 돌아서기에는 너무 늦은 림프암이었다. 유명한 병원을 찾아다니며 입원과 퇴원을 반복했지만 결국 집으로 돌아왔다.

큰형님은 식이요법으로 암을 고쳤다는 곳이 있다며 같이 가자고 했다. 나는 귀가 번쩍 뜨였다. 말만 들어도 대충 짐작이 가는 곳이라 바로 출발했다. 그날은 어찌 더운지 산길이지만 창문을 열 수가 없었다. 숲길로 접어들자 자주색 도라지꽃이 유난히 눈에 띄었다. 형님은 유년 시절이 생각나는지 하얀 뭉게구름을 바라보며 띄엄띄엄 혼잣말을 내뱉었다. 물어볼 곳도 안내판도 없는 산길은 생각보다 힘들었다. 더구나 밤에 내린 폭우로 군데군데 길이 무너져 걷는 것보다 시간이 더 걸렸다.

산속 작은 집은 고즈넉하기만 했다. 인적 없는 계곡에는 물소리만 힘차게 들렸다. 가끔 잠자리 몇 마리가 날개를 말리려는 듯 하늘을 날고 있었다. 큰형님은 무슨 생각을 하는지 먼 산이 내뿜는 새하얀 구름만 바라보았다. 한참을 말없이 서성대다 보니 주인이 나타났다. 형님은 그분과 잠시 말을 주고받더니 그곳은 있을 곳이 아니라며 가자고 했다.

겨우 산길을 벗어나 국도를 탔을 때는 이미 점심시간을 한참 넘긴 후였다. 국수가 먹고 싶다는 형님의 말을 듣고 사방을 둘러봤지만 국숫집은 없었다. 한참을 달리다 주유소에 붙은 작은 국숫집에 들어갔다. 헛것이 보일 정도로 배가 고파 곱빼기를 시켜 놓고 미리 나온 반찬 그릇을 몇 번이나 비웠다. 부추와 호박 고명이 돋보이는 국수가 나왔다. 쫄깃쫄깃한 하얀 면발과 감칠맛 나는 국물 맛이 일품이었다. 이렇게 맛있는 국수는 처음이라며 넘칠 것 같던 국수 그릇을 단번에 비웠다. 큰형님은 얼마 지나지 않아 다시 올 수 없는 먼 곳으로 떠났다.

그날 이후, 많은 국숫집을 찾아다녔지만 어디에도 그 맛은 없었다. 지금도 그곳을 지날 때면 공터가 되어버린 주유소 자리에 눈길이 먼저 간다. 들릴 듯 말 듯 가쁜 숨소리와 환하게 웃던 핏기 없는 얼굴이 강산이 두 번이나 변해도 선명하게 나타난다.

세상에 맛없는 음식은 없다. 나름대로 고유한 맛이 있지만 서로 다를 뿐이다. 사람도 마찬가지다. 같은 외모와 성품을 지닌 자는 아무도 없다. 가까이 있으면 좋을 때도 있고 싫을 때도 있다. 모든 것은 마음먹기에 달렸다.

태풍이 지나간 파란 하늘에 뭉게구름이 천천히 피어오른다.

Ⅱ. 국수 빼는 날

국수는 여름에 뽑는다. 면발이 철사처럼 단단해질 때까지 뜨거운 햇볕이 수분을 앗아간다. 동네 사람들은 갓 빻은 하얀 밀가루 포대를 지고 국수 빼는 집을 찾아갔다. 들을 지나 강을 건너야 하지만 먹거리가 풍족하지 않던 때라 하루가 급했다.

하곡夏穀 타작이 끝나면 방앗간으로 모여들어 북적거렸다. 모내기가 끝나면 춘궁기를 겨우 넘긴 상태라 집마다 빈 쌀독을 채우려고 방앗간으로 몰렸다. 보리쌀보다 국수나 수제비처럼 손쉽게 배를 채울 수 있는 밀가루가 더 급했다. 밀은 수확하자마자 씻고 말리기를 반복하며 돌처럼 단단해질 때까지 말렸다. 불을 많이 피울 수 없는 여름에는 국수만큼 간편한 먹거리도 흔치 않았기 때문이다.

우리 집은 한 마지기 정도만 밀을 갈았다. 여름 저녁에 국수나 수제비를 만들어 먹을 정도만 심었다. 식구는 많지만 할아버지가 밀가루 음식을 좋아하지 않아 다른 집보다 적게 갈았다. 많아도 문제였다. 외국 원조로 들어온 밀가루가 흔하던 시절이라 어디에 팔 수도 없고 오래도록 보관하기도 쉽지가 않았다. 깡마른 국수는 옹기에 보관하면 일손이 바쁜 가을에도 새참으로 먹을 수 있었다.

밀은 가을에 씨앗을 뿌리면 초겨울에 잎이 돋았다. 제대로 자라기도 전에 씨를 뿌린 적도 없는 둑새풀이 호위무사처럼 주위를 감쌌다. 거름기를 먼저 빨아먹는 둑새풀을 여포 창날같이 예리한 호미로 이 잡듯이 골라냈다. 얼고 녹기를 반복하는 겨울 논은 언제나 질척거렸고 사정없이 몰아치는 강바람은 매서웠다. 종일 쪼그리고 앉아 머리카락 같은 풀을 골라내다 보면 무릎이 저리고 허리도 아팠다. 아침부터 서리가 하얗게 내린 논으로 가야 했다.

봄의 끝자락이 다가오면 밀알은 터질 듯 알차게 영글어 갔다. 줄기도 잎도 아직 푸르지만 송두리째 뽑아다가 모닥불에 얹었다. 누가 먼저랄 것도 없이 타닥거리는 불 속에서 까맣게 변한 이삭을 골라내 맨손으로 비볐다. 한 알이라도 더 먹기 위해 뜨거운 밀 이삭을 정신없이 비볐다. 뜨거운 열기가 그대로 남아 있어도 개의치 않았다. 태운 껍질 속의 노릇노릇한 밀알은 씹으면 씹을수록 쫀득거리고 구수한 맛이 났다. 그을음이 묻은 친구의 얼굴을 보고 깔깔댔고 개울물에 비친 자신의 얼굴을 보며 또 한 번 크게 웃었다.

국수 빼러 가는 날은 할머니가 앞장섰다. 여름 햇살이 두터워지기 전에 길을 나섰다. 바깥출입을 거의 하지 않았지만 그 일은 누구에게도 맡기지 않았다. 언제부터 그랬는지는 알 수 없지만 해마다 그때가 되면 날을 잡고 준비를 시켰다. 비가 오거나 습기가 많은 날은 가지 않고 이슬이 많이 내린 날을 택했다. 풀잎에 이슬이 흠뻑 맺힌 날은 나다니기조차 어려울 정도로 햇볕이 따가웠다.

나는 밀가루를 지고 할머니를 따라갔다. 그 길은 만만치 않았다. 고샅길을 벗어나도 넓을 들을 지나 강을 건너야 국수 빼는 집이 보였다. 같은 동네지만 너무 멀어 좀처럼 가지 않는 곳이었다. 강 건너 마을 뒷산은 허리에 구름만 감겨도 비가 올 정도로 가파른 산이었다. 강가 모래밭에는 복숭아와 자두, 사과나무가 즐비한 큰 과수원도 있었다.

할머니는 땅만 보고 걸었다. 지팡이를 짚고 가는 할머니는 모자도 수건도 쓰지 않았다. 지게를 지고 따라가다 보면 어깨도 아프고 온몸이 땀에 절었다. 옅은 안개가 남아있는 들길에는 놀란 여치들이 이슬을 튕기며 이리저리 달아났다. 진흙에 뿌리를 박고 꼿꼿하게 커가는 벼논의 물안개는 한 폭의 수묵화가 되었다. 어쩌다 백로가 푸른 바다 같은 들판을 날아가면 보이지 않을 때까지 걸음을 멈추고 바라보았다.

어느 논에 다다르면 할머니는 잃어버린 물건을 찾듯이 한참을 둘러보았다. 그 논에서 무엇을 찾는지 나는 알 수가 없었다. 잃어버린 세월을 찾는지 젊은 시절 자식들과 모내기를 하고 논을 매고 추수하던 일을 생각하는지 시선은 먼 허공에 멈춰 있었다. 그 논은 할머니가 장만하고 농사지었던 한때 우리 논이었다는 것은 한참 뒤에야 알았다.

안개가 걷힐 때면 강가에 도착했다. 토성같이 높은 큰 둑에 서면 강 건너 국수 빼는 집이 보였고 띄엄띄엄 집이 흩어져 있는 반대편 마을도 보였다. 할머니는 맑은 강물에 세수를 하고 동백기름을 바르듯이 머리를 손질했다. 나도 강둑에 지게를 받쳐두고 할머니를 따라 세수를 했다. 저고리 소매에서 꺼낸 손수건으로 얼굴을 닦아주던 할머니의 눈에는 언제나 슬픔이 담겨 있었다.

몇 집 보이는 동네는 할머니의 친정 동네였다. 초등학교 들어가기 전 할머니를 따라 진외가에 몇 번 간 적이 있었다. 가난했지만 모두가 반겨주고 따뜻하게 대해주었다. 할머니의 오빠는 일본에 징용 갔다 돌아오지 못했고 조카는 폐병으로 일찍 세상을 떠나 남자는 어린아이들뿐이었다. 나보다 세 살 많은 장손마저 교통사고로 세상을 떠난 진외가는 무슨 일만 생기면 우리 집을 찾았고 아버지는 한 번도 귀찮은 내색을 하지 않았다.

할머니는 몰락한 양반가의 막내딸이었다. 고향을 등지고 가족들과 함께 외갓집이 있는 이곳에서 어린 시절을 보냈다. 한학을 공부한 외할아버지 밑에서 사람의 도리와 예절을 배웠다. 삼종지도를 삶의 지표로 삼고 살아온 할머니의 정신적 배움터는 외할아버지의 서당이었다. 늘 양반이 지켜야 할 정신 자세를 주장하고 삼강오륜을 잣대처럼 생각하는 할머니의 생각은 그때 만들어진 것이었다.

마지막이 될지도 모르는 그 길은 할머니가 자청했다. 다 떠난 할머니의 친정 집터는 흔적도 찾기 힘들 정도로 수풀이 우거졌지만 어릴 적 기억은 살아 있었다. 국수 빼는 날 하루만이라도 마음껏 바라보고 싶었던 것이었다. 부모 형제가 없는 그곳을 바라보는 할머니 마음이 점점 진하게 전해져 온다.

나이가 들수록 고향을 찾는다. 갈 수 없고 볼 수 없으면 더 가고 싫어진다. 가끔 고향을 찾지만 낯익은 얼굴은 점점 줄어든다. 날마다 뛰어놀던 민둥산은 울창한 숲이 되었고 봄이면 화전을 하고 가을이면 천렵으로 떠들썩하던 강변도 찻길로 변했다. 멱을 감던 맑은 물도 소 먹이러 갔던 앞산도 변했지만 가슴속 옛이야기는 끝없이 되살아난다.

운흥사 석조石槽

작심하고 정족산을 오른다. 연초록 산등성이가 따사로운 햇살에 점차 짙어져 간다. 마을을 지나 계곡에 들어서자 조잘거리는 물소리가 선명해진다. 인기척에 놀란 목쉰 꿩 한 마리가 적적함을 깨뜨리며 높이 날아오른다. 이끼를 둘러쓴 석축마저 무너진 황량한 절터에는 주춧돌과 깨진 기왓장이 널브러져 있다.

정족산은 험준한 산이 아니다. 철쭉 군락지를 뚫고 상투처럼 솟아오른 꼭대기를 사방에서 볼 수 있는 아담한 산이다. 산세가 완만하고 능선이 부드럽게 이어져 어느 쪽에서든 쉽게 접근할 수 있다. 곳곳에 습지가 많아 아무리 가물어도 계곡에는 물이 마르지 않는다. 한때 이 계곡에 한지 공장이 있었던 것도 사철 맑은 물이 흐르기 때문이다. 주위에 한지의 원료인 질 좋은 닥나무가 많아 좋은 종이를 만들 수 있는 최적지였다. 지금도 이곳을 종이 만드는 지소紙所라 부르는 어른들이 많다.

운흥사는 원효대사가 창건하고 고려 때 지공선사가 중건한 큰 사찰이다. 임진왜란 때 소실되었다가 광해군 때 다시 중창했지만 지금은 잡초가 무성한 절터만 남아있다. 조선 시대에는 각종 불경과 서적을 간행하며 승려를 교육할 정도로 상당한 규모의 사찰이었다. 운흥사간刊이라는 글자가 남아 있는 경판이나 경전은 양산 통도사 성보 박물관에 16종 673점이 보관되어 있다.

절도 스님도 없는 산골 폐사지廢寺址에는 적막감이 돈다. 온몸을 다 드러낸 주춧돌이 곳곳에 뒹굴고 석축이었던 검은 돌들은 돌무더기가 되어 있다. 지난 사연들을 덮어버린 무성한 잡초에는 스산한 기운이 깔려있다. 절터를 훑은 바람이 소쿠리 같은 능선을 쉽게 빠져나가지 못하고 빙빙 돈다. 바람이 비질하듯 산기슭을 스치자 나뭇잎들은 자지러지듯이 몸을 뒤집는다. 누런 송홧가루가 봄바람을 타고 하늘 높이 날아오른다. 일제히 뿜어내는 꽃가루가 소나무 밑에 펴 놓은 자리에 노랗게 쌓인다. 해마다 가루를 날려보내 솔방울과 씨앗을 만들지만 소나무는 점점 줄어든다.

사찰의 상좌는 불만이 많았다. 찾아드는 신도들이 반갑지 않았다.

스님의 뒷바라지만 해도 버거운데 불자들이 늘어나자 어느 날 절 입구 부채바위의 사북을 깨버렸다. 쌀뜨물이 십 리나 내려갈 정도였던 절에는 신도의 발길이 끊겼고 중들도 하나둘 떠났다. 인적이 사라지자 벌레가 들끓었고 건물이 하나둘 무너지자 축대도 기단도 힘없이 허물어졌다. 오래전 어느 방송사의 전설 따라 삼천리에 소개된 내용이다. 운흥동천雲興洞天이라는 글씨가 새겨진 부채바위의 깨진 돌들이 근거 없는 전설이 아니라 말한다.

몇 해 전 절터를 발굴한 적이 있다. 감나무밭과 잡목 숲이 되어버린 절터가 조심스럽게 파헤쳐졌다. 수백 년 동안 죽은 듯이 숨죽이던 땅을 조금씩 파내려 가자 수많은 유물이 얼굴을 내밀었다. 금당의 넓적한 주춧돌이 나오고 온돌방 구들장 아래 긴 방고래의 흔적도 나타났다. 암막새나 수막새 같은 기왓장은 수도 없이 나왔다. 크고 작은 부도와 석조石槽며 석탑의 기단도 모습을 나타냈다. 탑신은 찾지 못했지만 문양이 화려한 기단을 보면 상당히 화려한 석탑이 있었던 것 같다. 석등의 하대석 같은 복련좌대석과 용도를 알 수 없는 돌 부재들은 대숲에 누워 바람이 불 때마다 뭔가를 속삭인다.

큰 석조 하나가 폐사지를 지키고 있다. 오랜 풍상을 이겨낸 고색창연한 석조가 오가는 사람들의 눈길을 붙잡는다. 가까이 다가가 보니 형태를 알아보기 힘들 정도로 윗부분이 손상되었다.

얼핏 봐도 행사를 끝내고 설거지할 때 사용한 것 같지는 않다. 모양이나 크기를 보면 종이 만들 때 닥나무 껍질을 불렸던 수조가 아니었을까 싶다. 화강암 석조는 운흥사의 내력을 다 알고 있겠지만 침묵하고 있다. 부처님 말씀이 경전이 되고 석탑과 불당이 사라지는 것을 보았지만 끝내 말을 하지 않는다. 무너진 석축과 금당의 주춧돌처럼 말 없는 석조가 사색에 잠기게 한다.

석조는 장정이 들어가 목욕을 하고도 남을 정도로 크다. 검은 이끼가 도롱이처럼 어깨를 감싸고 있는 수조에는 낙엽이 제집처럼 자리 잡고 있다. 바닥에는 작은 배수구가 옆으로 뚫려있고 물이 차면 저절로 넘치도록 위에도 홈을 만들었다. 대나무를 타고 들어온 계곡물이 잠시 머물렀다 빠져나갈 수 있게 한 것 같다. 물 드므처럼 물을 가두어 두지 않고 자유롭게 드나들 수 있도록 한 것이다. 작은 나무 구유 하나 만드는 일도 예삿일이 아닌데 이렇게 깊게 파느라 얼마나 힘들었을까 싶기도 하다. 윗부분이 풍화된 석조에는 지난 세월의 흔적이 친친 감겨 있다.

천 명이 넘는 승려들이 종이를 만들었다. 행자나 동자승은 손이 닳도록 닥나무의 껍질을 벗기고 물에 풀린 하얀 섬유질을 뜨는 물질은 경험 많은 스님이 담당했다. 석조는 어린 동자승의 갈라진 손등이나 말없이 물질하는 장인의 이마에 흘러내리는 구슬땀도 보았다. 말총으로 엮은 대나무발이 지통紙筩의 희멀건 닥풀 풀린 섬유질을 건지고 버리기를 반복하다 보면 한지가 되었다. 종이를 만드는 물질은 채우는 것이 아니라 비우는 것이다.

한지는 천 년을 간다고 한다. 닥나무 껍질에는 단단하고 질긴 섬유질이 많아 천연재료의 천과 유사한 성질이 있다. 아흔아홉 번의 손길이 간다는 하얀 백지는 자연의 질감을 그대로 가지고 있어 쉽게 변하지 않는다. 조각한 목판의 검은 먹물이 한지 위에 번지면 부처님 말씀이 경전으로 되살아난다. 깨지고 부서진 석조 하나가 다 떠나고 없는 황량한 폐사지를 지킨다.

임진왜란 때 사명대사가 잠시 이곳에 머물렀다. 선조의 명을 받고 어떻게 전쟁을 끝낼 것인지 고민하던 곳이다. 왜적의 본부가 있던 왜성과 멀지 않아 여기에서 협상을 구상했다고 한다. 왜장 가토 기요마사가 머물고 있던 서생은 운흥사 석조의 물이 바다와 만나는 곳이다. 어디에서 발원한 물이든 돌고 돌아 만나는 곳은 같은 곳이다. 사람도 물처럼 한곳에서 만난다. 계곡물을 따라가는 사명대사는 무슨 생각을 했을까.

급하게 흐르는 계곡물이 잠시 숨을 돌린다. 속살이 훤히 보이는 작은 소沼에 하얀 구름이 모여들자 떠내려오던 가랑잎도 잠시 쉬어 간다. 발을 담그고 손이라도 씻어볼까 하다 조용히 돌아선다. 언제나 낮은 곳을 찾는 물처럼 살아보려 하지만 쉽지 않다.

한 줄기 바람이 풀잎을 스치고 지나간다. 처연함이 이끄는 침묵의 절터에 앉아 바람을 보고 물소리를 듣는다. 석조에 물이 차오르고 경전을 새기는 목판 다듬는 소리가 정족산 꼭대기로 향한다.

문지방을 넘다

순간적이다. 섬광처럼 번뜩이다가도 짚불처럼 순식간에 사그라진다. 잡힐 듯 잡히지 않는 아지랑이처럼 다가갈수록 멀어져 간다. 일생에 한 번밖에 없는 첫사랑처럼 사라진 영감은 다시 오지 않는다. 지난 일들을 억지로 불러내 곱씹으면 아름다웠던 기억마저도 흐려질 때가 많다. 모든 일은 다 때가 있듯이 글 쓰는 것도 그렇다. 글은 쓰고 싶거나 쓸 수 있을 때 써야 한다.

나는 소리 없이 내리는 함박눈처럼 무언가가 가슴속에 쌓여 가면 글을 썼다. 아무 생각 없이 그냥 써 내려갔다. 읽어줄 사람도 없는 글을 넋두리하듯이 무작정 썼다. 소용돌이치는 가슴속 이야기를 누에고치에서 실을 뽑듯이 길게 풀어냈다. 하얀 덩어리처럼 얽히고설켜 있던 명주실을 풀다 보면 가슴이 후련해졌다. 질기고 두껍게 감싸고 있던 잡념들이 사라지면 번데기처럼 본래의 내 모습이 드러나는 것 같았다.

나는 글 쓰는 법을 제대로 배운 적이 없었다. 편지와 일기를 쓴 것이 전부였다. 학교를 대표해 고전 읽기나 글쓰기 대회에 나간 적은 있지만 잘하지는 못했다. 많은 백일장에도 참여했지만, 중학교 때 한글날 백일장에서 장원한 것이 가장 큰 상이었다. 상을 받던 날, 나는 단상에 올라가 전교생 앞에서 낭독했다. 그것이 내 문학적 불씨가 되었음을 그때는 몰랐다.

나는 공업고등학교에 진학했다. 무슨 과목을 배우고 어떤 실습을 하는지도 모르고 취직 잘되고 돈 잘 번다는 말에 기계과를 선택했다. 정확하게 말하면 선택한 것이 아니라 집안 환경이 그쪽으로 나를 몰아갔다. 담임 선생님의 만류에도 불구하고 내가 선택한 학교라 친한 친구들과 헤어져야만 했다. 적성에 맞지 않는 기계 관련 이론수업과 실습용 기계에서 뿜어내는 기름 냄새가 싫었다. 정규수업만 끝나면 몸이 아프다고 거짓말을 하고 일찍 집으로 온 적도 몇 번 있었다. 가슴속 불덩이가 용암처럼 꿈틀거리는 밤이면 열병처럼 온몸이 저렸다. 그때마다 넋이 나간 사람처럼 밤이 깊도록 일기장을 채우면서 그것을 녹여냈다.

직장과 학교생활을 반복하면서 점점 공학의 방에 갇혀갔다. 어디를 가도 기계와 금속을 다루는 사람들 속에 있었다. 이미 너무 멀리 와버려 다시 돌아갈 수도 없었다. 좋든 싫든 내가 선택한 길이라 기계와 친구가 되기 위해 애를 썼다. 나는 말 못 하는 기계보다 사람들과 어울리는 것을 좋아했지만 늘 기계와 인연이 이어졌다. 심지어 군에서도 자동차 수리병으로 교육을 받고 병기 부대에서 복무하다 전역을 했다.

대학을 졸업하면서 대기업 기획실에 입사했지만 얼마 지나지 않아 다시 철강공장으로 돌아왔다. 한동안 현장에 가는 척하고 바닷가에서 하염없이 시간을 보내기도 했다. 해녀들의 숨비소리가 길게 이어지는 방파제에 앉아 끊임없이 다가오는 파도와 대화를 하고, 자유롭게 나는 갈매기를 따라 수평선을 드나들기도 했다.

철강 생산의 새로운 기술을 배우기 위해 해외 연수를 자주 나갔다. 가는 곳마다 보고 느낀 것을 메모장에 적었다. 기술에 관한 것이든 생활 모습이든 거리 풍경이든 닥치는 대로 적었다. 시골 장터의 잡화점처럼 하얀 종이 위에 아무렇게나 늘어놓았다. 정리하고 다듬을 줄을 몰라 그냥 펼쳐두기만 했다. 가끔은 홍보실 기자가 가져가 사보에 실어준 적도 있었다.

대학원에 진학하면서 공학 논문에만 몰두했다. 여러 사람 앞에서 발표하는 것이 즐거웠고 활자화되는 것도 좋았다. 생산성 향상과 불량감소를 위해 설비와 생산방법을 개선하면서 그 결과를 정리해 발표했다. 회사 일은 바로 나의 논문거리였다. 대학으로 자리를 옮긴 후에도 그 방법은 계속 이어졌다. 기계공학에 관련된 학회는 거의 빠지지 않고 참가했다. 논문 투고와 심사를 하고 학회 일도 했지만, 옹이처럼 뭉쳐있는 가슴속 응어리를 풀고 싶은 갈증은 해소시켜주지 못했다. 늘 공허했다. 달의 뒷면에 관심이 많았지만 앞면만을 평가하는 공학에 허기를 느꼈다.

언제부턴가 유년 시절의 기억들이 비 맞은 풀잎처럼 생생하게 되살아났다. 나는 생기가 남아 있을 때 글로 담아놓고 싶었다. 무작정 써 내려가는 글에는 두서가 없었다. 흩어진 단어와 글자는 제대로 문장을 만들지 못했다. 그래도 잊혀가는 일들을 회상하면서 단락을 채워 갔다. 그렇게 쓴 글이 하나둘 늘어갔다. 누구에게도 쉽게 보여줄 수 없는 글이 일기장처럼 서랍 속에 쌓여 갔다. 빛을 볼 수 없는 글이 늘어날수록 부끄럽지 않은 글을 쓰고 싶었다. 하지만 만만치가 않았다. 잘 써보겠다고 마음먹고 앉으면 더 그랬다.

감성이 지나치면 질펀해지고 사실을 강조하다 보면 뜸이 덜 든 고두밥처럼 따로 놀았다. 윤기가 잘잘 흐르는 맛있는 밥을 짓고 싶지만 쉽지 않았다. 물과 불을 조절해 제대로 밥을 지어본 적이 없기 때문이었다. 글도 마찬가지였다. 남의 글은 읽었지만 제대로 글을 써 본 적이 없었다. 관련 서적을 찾아 몇 번이고 읽어 봤지만 별로 도움이 되지 않았다.

몇 해 전 수필을 배울 수 있는 곳을 무작정 찾아갔다. 그곳에는 이미 많은 사람이 열심히 글을 읽고 쓰고 발표하고 있었다. 나는 맨 뒷줄에 앉아 퍼즐 조각 같은 기억을 하나둘 맞추기 시작했다. 가슴속에 눌려있던 문장들이 어설프게 모양을 만들자 수필 방 문고리를 잡을 수 있었다. 먼 길을 돌고 돌아 문단이라는 방에 한 발을 들여놓았다.

그리고 문지방을 넘어섰다. 수십 년간 갇혀있던 공학의 방에서 수필의 방으로 들어섰다. 몇 해 동안 열심히 쓰고 지우기를 반복했지만 매번 고민에 빠진다. 지금도 한 편의 글집을 짓는 일이 멀고도 어렵다. 아니, 갈수록 첩첩산중이다. 하지만 무병巫病같이 찾아오는 글쓰기를 피할 수 없다는 것도 잘 안다. 불씨를 살려 스스로 태워내는 것이 숙명이라는 것을.

다시, 시작이다.

김순경 수필집

모탕

인쇄 2019년 10월 25일

발행 2019년 10월 30일

지은이 김순경
발행인 서정환
펴낸곳 수필과비평사
주소 서울시 종로구 삼일대로 32길 36(익선동 30-6 운현신화타워 빌딩) 305호
전화 (02) 3675-3885, (063) 275-4000 · 0484
팩스 (063) 274-3131
이메일 sina321@hanmail.net essay321@hanmail.net
출판등록 제300-2013-133호
인쇄 · 제본 신아출판사

ISBN 979979-11-5933-243-2 03810
값 13,000원

이 도서의 국립중앙도서관 출판예정도서목록(CIP)은 서지정보유통지원시스템 홈페이지(http://seoji.nl.go.kr)와 국가자료공동목록시스템(http://www.nl.go.kr/kolisnet)에서 이용하실 수 있습니다.(CIP제어번호: CIP2019039663)

Printed in KOREA

부산문화재단

※ 본 도서는 2019년 부산광역시, 부산문화재단 지역문화예술특성화 지원 사업으로 지원을 받았습니다.